All we need is Heart Intelligence

ハート知性

Heart Intelligence

ハートのパワーで
人生を最大限に生きる

マインドとハートと感情がシンクロし、調和
している状態をハートコヒーランスという。
コヒーランスは
心臓、神経系、脳、体内のあらゆる機能を向
上させることが研究で証明され、
今まで抽象的だったハートの力が確固たるも
のになった！

コヒーランス状態でいると愛と思いやりが溢れ、頭脳が明晰になる。

他にも健康増進、認知症予防、血圧の正常化、トラウマの克服、思い込みからの解放など、コヒーランスはあなたを違うレベルに到達させる。

ハートは癒し、ケア、ゆるし、協力、調和、愛という、混沌とした今の時代に最も求められる精神性を人々に与えてゆく。

個人から社会、社会から人類へ――。

ハート知性（ハートの直観的な導き）は人類を破滅から救う力がある！

献辞

本書は、ハートとのより深いつながりを求めている多くの人々に捧げます。私たちハートマスの使命は、人々が肉体的・精神的・感情的なシステムを、ハートの知的なガイダンスシステムとコヒーランスに調和できるようにサポートすることです。ハートからの導きの声や感情は、何千年もの間、文献や教えの中で言及されてきました。この内なる導きを引き出すことで、私たちは、より高い個人のバランス、コヒーランス、そしてハートに根ざしたお互いのつながりをもってして、この変化の時代を乗り切ることができます。このつながりは、人類のエネルギーを分離から協調へとシフトさせ、地球規模の問題に対するより高いレベルの解決策をもたらすことができるのです。私たちは、マインドとハートの相互のつながりを確立し、愛、優しさ、思いやりを深めることで、私たちが望む世界を創造するための新たなベースラインを作ることができるのです。私たちの研究とツールは、パズルの重要なピースを持つ同じ心を持つ人たちと協力して、このプロセスをよりシンプルにしようと努めています。

「ハート知性」日本語版によせて

ドック・チルドリー（ハートマス研究所創始者）

今、世界は岐路に立っており、多様な文化や国家を一つにまとめ、分断を解消するのはハートの知性であることを人類は理解すべきときが来た。人類を救い、人々が互いに仲良くなれるようにするのは、知的知性でもＡＩでもその他のテクノロジーの進歩でもなく、ハート知性なのだ。ハート知性を持てば、人間の可能性は広がり、人間関係は良好となって、より良い世界にするための解決策が花開くだろう。

この本を読んでくださっている日本のすべての方々に、心からお礼を申し上げたい。自分の人生とほかの人々の人生を向上させるために、ハートが与えてくれる知的なガイダンスについてもっと深く知りたいと思い立ったのは、あなた方のハートのおかげなのだから。

特に、本書の翻訳者であり、ハートマスのトレーナーである玄とゆみには、2018年から5年間、日本で約100人のグループとともに毎日ハートコヒーランスセッションを続けてきてくれたことに感謝している。私は2000回目のセッションのお祝いに招待されたが、そこでは、それがどれほど大きな意味を持つものであるかを人々が表現していた。ハートコヒーランスを通して平和を創造するために、この毎日の練習にコミットし続けてくれているグループのみんなに感謝したい。それは私にとって大きな意味を持っている。

日本とアメリカが1945年に戦争状態にあったこと、そして現在はともに平和を作り出そうとしていることを思い出そう。それは可能なことなのだ。より多くの人々が自分自身のハート知性につながることで、平和のエネルギーはやがて他の国や世界へと広がっていくだろう。

『ハート知性』日本語版の出版に、心からお祝い申し上げる。

はじめに

ドック・チルドリー

私たちが経験している急激な地球規模の変化は、最終的には人類にとって有益な結果をもたらす可能性がある。しかし、現時点で地球と人類はパンデミックによって消耗し、極端な偏見のストレスにとらわれているようだ。私たちの多くは、不確実な不安を抱きながら、ストレスの引き金となるものに異常に反応するようになっている。多くの人々にとって、ある日は希望と励まし、次の日は恐怖と不安、あきらめといった気分の変化を感じるのが日常になっている。

２０２１年にハリス・ポールが行った「アメリカにおけるストレスと意思決定に関する調査」によると、成人の３分の１以上が、「日々の意思決定」と「人生の大きな決断をすること」がよりストレスになると回答している。このような苦悩があるにもかかわらず、ほとんどの人々が前向きな見通しを保っている。

パンデミックの間、人々は優先順位を見直し、家族や仕事との関係についてより深い価値観を探究した。その結果、多くの人々が未来に対してより楽観的になった。2021年にハリス・ポールが行った別の調査でも、次のように報告されている。「広範囲な調査から、未来は明るく、私たちはより良い未来のために考え直し、リセットし、再想像している。希望と楽観性が高まり、友人や家族とのつながりが強まり、自分にとって最も大事なことに対して優先順位をつけ直している」

思いやりのある真のハートからのつながりは、不安や恐れ、パニックから来るストレスの蓄積を相殺する。特に健康や経済的・社会的な問題に直面したときに、マインドをクリアにすることで、理性を保つのに効果的に役立つ。世界中でますます多くの人々が、ハートの思いやりと優しさにつながり、お互いを偏見なく受け入れることをより深く望むようになっている。このことは、やがて高度に知的で効率的な感覚として、日常的に実現されるだろう。新しいスピリチュアルとは、私たちがお互いの日常の関係の中へ、これらのハートの資質を持ち込むことなのだ。

私たちの多くは、より調和のとれた相互のつながりを持つことを願っている。しかし、古い手垢のついた分離の習慣を変えるためには、ハートからの意図をもってそれに踏み込んでいく必要がある。私たちにはそれが可能で、いずれはできるようになる。それは私たちの根底にある願いだからだ。

その目的は、人類がモチベーションを上げるためにストレスを必要とすることなく、思いやりと協調性を持続していくことだ。解決策は私たちのハートの中にある。お互いを思いやり、分かち合うことは、ハートの知的な導きと解決策とのつながりを強めるために大いに役立つ。人類にはさまざまなレベルの意識と認識がある。私たちのマインドは、信念や育った環境、生活環境によって異なるかもしれないが、私たちの真のハートがそう望めば、お互いに調和のとれたつながりを高め合うことができる。私たちのハート知性は、他人と仲良くすることで学ぶことの実際的なエネルギー効率と効果を知っている。ハートのより深いところで、私たちがそうしない限り、何も変わらないことを感じ取るだろう。

分離やジャッジメント、非難から私たちを引き上げてくれる思いやりや気遣い、優しさ、許し、感謝などの愛の資質に人々がアクセスするのは、ハートの中だ。私たちの暮らしの中で、意図的にこれらのハートの資質を発揮することで、私たちはハートの自然な知性と直観的な導きにつながり、調和した未来をともに創造するユニークな機会を得ることができる。確かに、これらのハートの資質を発揮するには、多少の注意とエネルギーが必要だが、私たちの人間関係や選択にハートの導きを含まないことから生じるストレスや健康問題、人間関係のトラブルから回復するのに必要なエネルギーの量には及ばない。

ハートからの導きの感情や促しは、何千年にもわたり、教えの中で言及されてきた。この内なるガイダンスを解き放つことで、私たちは変化する混沌とした時代を、よりバランス良く、一貫性を持って、ハートに根ざしたつながりによって乗り越えていくことができる。そうすることで、人類のエネルギーが分離から協調へとシフトし、地球規模の問題や社会問題、経済問題に対してより良い解決策を見出すことができるようになる。

この本を書く目的の一つは、私たち一人ひとりのハート知性（ハートの直観的な導き）が、自分にとって最善のものを生み出すためのより良い選択と未開発の潜在能力につながるのを明らかにすることだ。私たちが、マインドとハート、感情の間にコヒーランスを確立することを学ぶと、私たちの愛と思いやりのあるケアが拡大される。私たちのシステムに流れる愛を高めることは、ハートの直観的な導きとつながるための最良の秘策のひとつだ。ハートの導きに従うことで、私たちの本当の姿が明らかになり、これが幸せと充足感につながる。ハートマス研究所（以下、ハートマス）が開発したツールは、このプロセスをシンプルにするために使いやすくデザインされている。

ハートマスのミッションは、ハートに根ざしたツールや役立つエクササイズを研究して創造し、他のシステムや組織と連携して、地球全体の調和や思いやり、幸福感を高めることだ。今の時代は、たくさんの人々が多くのことを提供している。

ハートマスのツールやテクニックは、その場、その場で、いつでも使えるようにデザインされている。私たちは、多くの時間や長い瞑想を必要としないツールを開発することに焦点を当てている。私たちは瞑想を非常に大切にしていて、地球上に愛と思いやりを広めるために、自分たちでも長い時間のハートメディテーションを行っている。しかし、ストレスの増加に伴い、人々には困難な状況に直面するたびに瞑想するという時間はない。本書のツールのほとんどは、使い慣れれば必要に応じてその場で使うことができる。しかし、最初の1週間ほどは意図的にツールを使用し、記憶に擦《す》り込んでいく集中力が必要だ。そうすれば、必要なときにそのツールを使うという自然な流れができやすくなる。

この『ハート知性』の新版は、今日の困難で変化する時代に合わせてアップデートされたものだ。個人や社会、世界のコヒーランスに関するハートマスの研究の概要と、世界中で行われているその応用について解説している。本書に含まれているテーマには「生理学的コヒーランスとは何か」「なぜそれが重要なのか」「ハートと脳のシンクロ（同期）」「ハートの直観と他の直感との違い」「本当の自分とのつながりの強化、思いやりと自己憐憫」「恐れの変容」目的との整合「もはや役に立たない古いエネルギー的習慣と擦り込みをクリアする方法」などがある。

本書は、私たちの研究と各執筆者の実践経験を基調として書かれている。内容の中には、多くの人々にとって馴染みのある情報を取り上げているものもある。しかし、これらのテーマについて新しく学び直すことは、最高の人間に成長するのを妨げているさまざまな抵抗を退けるコミットメントを、再強化するのに有益であろう。自分自身のハートの知性と直観的な導きにアクセスし、それに従うことで、よりパワーが高まる。そうすることで、私たちは

①本当の自分になることができる。

②ハートのパワーと愛の効果で世界を変えることができる。

③ともに新しい日常を共同創造できる。

善良であることが常識で、すべての人に最大の恩恵をもたらすために互いに協力し合う世界が創れるのだ。

目次

カバーデザイン　森　瑞（4Tune Box）
校正　宮本久子（有限会社小夢サフィ）
本文仮名書体　文麗仮名（キャップス）

第1章 複雑化する世界で「ハート」は何をもたらすか？

ハワード・マーティン

ハートコヒーランス

私たちは「日常生活がスピードアップしている」と感じている。実際、それはここしばらく起きていることで、かつてないほどの速さになっている。より少ない時間でより多くのことをこなさなくてはならず、それがあらゆる方向に私たちを引き込んでいる。私たちが〝ハイスピード〟コミュニケーションと情報過多の容赦ない攻撃に遭っていると感じるのはもっともな話だ。物事をより迅速にこなすように考案されたニューテクノロジーは、内面からも私たちを急かしているようだ。それに遅れずについていくのが困難な場合が多い。私たちの多くがよく感じていることをひと言で表せば、〝圧倒される〟だ。

しかし、別の動きも起きている。さまざまな背景や文化、職業を持つ多くの人々が、自分自身と世界の中でポジティブな変化を起こそうとする原動力を感じているのだ。新しい可能性に目覚め、成長しようとする直観的な衝動が、私たちの内面をかき立てている。私は、世界中の聴衆を前に講演をするとき、人々がこうした内なる衝動に応え、最もエレガントな美しい方法で変化を起こしているのを目の当たりにしている。彼らは、自分の洞察に基づいて行動を起こし、信念や価値観を改め、古いパターンを破って変化を受け入れ、より大きく地球全体に役立とうと努力している。

私たちが現代の暮らしで経験している複雑な環境は、変化のスピードの外的な反映だ。私たち人間だけでなく、生命体は常に進化している。歴史上、類を見ないほど重要な時代にあって、それは今非常に速いペースで起きているだけなのだ。古いシステムは死につつあり、新しいシステムが生まれようとしている。多くの社会と政府が、急速な、しばしば混沌とした変化の状態にある。より速い変化と成長が、私たちの時代の進化には避けられないことのようだ。

起きつつある変化の最も重要な一つが、よりハートに根ざした気づき、あるいは「ハート知性」の出現だ。ハートの知性を引き出す方法を学ぶことが、個人と惑星地球の変化のスピードに対応すると同時に、より充実した新しい人生経験を創造する鍵になる。本書を通して、ハート知性とは何か、その科学的研究、それを開発する方法、そしてあらゆる人間の内面に生き生きと脈動しているこの強力なリソースに、ますます多くの人々が目覚めつつあるときに何が起こるかを探求していくつもりだ。

私が開催するワークショップで人々がよく共有する課題は、今起きているような短時間に起きるたくさんの変化にどのようにして追いついていくかということである。また、その課題を共有することは新しい全く異なる世界を切り開く手助けをする絶好の機会であり、そして私たちがその課題を一緒に解決しなければならないという自覚を共有してもいる。

私は、次のような質問をよく受ける。「私たちはどのようにして個人の成長を促し、世界をより良くできるだろうか？　多くの変化にどのように対応すれば、バランスを維持できるだろうか？　この変化の勢いを利用して、どのようにすれば新しい人生のやりがいを見出せるだろうか？　有効的な解決方法が何もないように見える問題に、どのように解決方法を見出せるだろうか？　私（私たち）にできることは何だろうか？」。私は、40数年間、自己啓発に力を注いできたが、このような疑問への答えは、精神的な思索からではなく、私のハートの深いところから生まれてくることに気づいた。

私は恵まれている。若いとき、人生とは絶え間ない成長であることに気づいたし、私の人生は何かで他人に奉仕するためのものだと感じたからだ。このような洞察にワクワクしたが、それはまた私を困惑させるものでもあった。

というのは、私は野心的でありすぎ、自分のことで頭がいっぱいで、人が成長する際に経験する落とし穴にはまりやすかったからだ。どのようにすれば自分の成長に集中し続け、必要と思っている変化を受け入れ、自己満足にならないようにできるかを私は考えた。自分の反抗心やうぬぼれ、自己中心性を迎えるだけでなく、他人に奉仕するための実際的で意味のある方法を見出そうとする中で、人生で出会う成長過程での課題をどのようにすれば克服できるだろうかと模索したのだった。

友人と人生の問いかけをともに追求する中で、私の進む道は、心遣いとか思いやりといった〝ハート（心）〟として理解しているものから生まれる資質を意識して開発することであり、批判的な反応を、より深い優しさに置き換えることだと気づき始めた。私のハートからの声は、「自己のパワーにあふれる人間になって、よりバランスのとれた愛情にあふれ、やりがいのある生き方を見出したい」という純粋な願望を育んでくれた。そのようなハートからの声に従ううちに、やがて私はドック・チルドリーたちと一緒に働くことになり、ドックが当時取り組んでいたハートマスシステムの開発を手伝うことになった。

ハートマスシステムの発展と進歩は、私たちが開発し始めた頃には想像すらできなかったほどに成し遂げられている。そのような実感を持てるだけでも、私はいつも感謝している。それは私のハートに聞き、それに従うと、人生は予想を超えるものになるという確証だからだ。私はハート知性の探求を実践することで、自分の決意（コミットメント）に忠実であり続ける意欲を持ち続け、他の人々がハートシステムを学ぶ助けもできる立場にあるのだと思う。

簡単に言えば、ハートマスシステムは私たちが自分のハート知性に気づき、それを開発するシステムだ。このシステムには、人々がエンパワーメントを生み、自分自身のハートの直観的導きとつながり、本来の自分という存在の可能性の鍵を開くことを助けるようにデザインされたハートに根ざしたツールが含まれている。私たちは書籍やテクノロジー、トレーニングプログラムによって、ハートマスシステムを提供している。それは個人的な成長や健康増進、能力開発に関心ある何千の人々に利用されている。ハートマスシステムは、フォーチュン500企業、医療制度、教育機関といった社会福祉機関、軍や政府関係機関と連携している。このような関係を通して、何百万の人々の暮らしに触れてきた。私たちが人々や自分自身について、たくさん学んだことの一部をここに紹介する。

これに続く章を読めばわかるように、ハートマスでは科学がいつでも大きな役割を担ってきた。ハートマス研究所という組織が正式に発足するだいぶ前に、ドックは、もし私たちが「ハート知性」と呼ばれるシステムを普及させるのなら、ハートの哲学的側面とスピリチュアルな概念を日常で実際に適用できるものにするための橋渡しが必要だと気づいた。彼はその橋渡しの構成要素の一つに科学を選んだ。

科学的研究によって理解が深まると、信じるパワーと応用するパワーも増大する。多くの人々は自分のハートをもっと信じ、信頼したいと思っているが、ハートが言っていることと、精神的・感情的な先入観との違いを知らない場合が多い。もし科学的研究によって心臓（ハート）と感情とマインド（思考）についての新しい理解が得られれば、人々がすでに直観的に知っていることや感じていることを受け入れ、それを日常に適用することが容易になるはずだ。

1990年代初めに設立されて以来、ハートマス研究所は心臓が血液の循環ポンプ以上の役割を果たしているという理解を人々に広めるために大きな貢献をしている。同研究所の研究者たちは感情、心臓、脳の間の生理学的な関係性に注目することから研究を始めた。彼らは、心拍変動（HRV）と呼ばれる測定値が人々の感情状態を反映し、HRVあるいは心拍リズムの分析が心臓、脳、感情間のコミュニケーションに独自の扉を開くことを発見した。長年にわたり、ハートマス研究所はこの分野での第一人者になっている。

これからの章を読めば、心臓が全身に重要なメッセージを送る情報処理センターであり、脳に大きな影響を与えていることが詳しくわかるだろう。

HRVの研究によって、私たちは心臓と脳とのコミュニケーションを向上させることで、生理学的コヒーランス、あるいは簡単に「コヒーランス」と呼ばれる極めて優れた身体的・感情的な状態を自分でもたらすテクニックに磨きをかけることができた。そして、ハート（心・心臓）と長い間において関係があるとされてきた愛、思いやり、感謝といった気持ちを高めるようなポジティブな感情が、このコヒーランス状態を活性化することを発見した。この感情と心臓のリズムとの関連性に関する重要な発見は、1995年に雑誌「アメリカン心臓学ジャーナル」に発表され、その後、他の査読付き科学雑誌にも掲載された。当社は人々がハートコヒーランスを活性化させる方法を学ぶための研究を進め、HRVテクノロジー製品（最初はフリーズフレーマー、その後エムウェーブとインナーバランストレーナー）を生み出した。これらは感情の自己コントロールと自己エンパワーメントのスキルを向上させるトレーニング製品として100カ国以上の人々に利用されている。

ソーシャルサイエンス（社会科学）もまた、私たちの研究の一翼を担っている。私たちは組織や医療、教育における私たちのプログラムの効果を判定するために、事前と事後のアセスメント（評価査定）を作った。人々がハートマスメソッドを実践することで、ストレスレベルの低下や健康状態の改善、医療費の削減、テスト成績やポジティブな感情を維持する能力、その他のパーフォーマンス測定値の向上に大きな効果があるという結果が得られた。ハートコヒーランスが増大すると、人々の間のつながりがより深くなった。母親の脳波が愛する赤ちゃんの心拍と同期していることや、幸せなカップルが一緒に寝ているときは、心拍リズムがお互いに同期しているという例を研究者たちが数多く記録した。また、チームメンバー個々の生理学的ハートコヒーランスが向上すると、同期現象（シンクロ）とパーフォーマンス能力が高まることも発見した。これは一種のチームコヒーランスだ。

スポーツを観たり、素晴らしいコンサートを聴いたりした人なら誰でも、普段の能力を超えることがグループに起こることを知っているだろう。まるでプレーヤー（選手・演奏者）たちが、何か目に見えないエネルギーのレベルで同期してコミュニケーションしているように見える。オリンピックチームやプロスポーツチームをはじめ、多くのチームはチームコヒーランスの重要性を理解している。「チーム精神」とか「結束力」などとチームコヒーランスのことを表現しているかもしれないが、彼らはパーフォーマンスに影響する明白な「チームエネルギー」があることを本能的に知っている。エリートチームはグループの結束力を高めることに細心の注意を払っており、チームリーダーはそれを妨害したり損なったりするような人間関係の対立や分離を解決するために積極的に手を打っている。彼らは、チーム内の不和や対立がチームにネガティブな影響を与えることを知っているからだ。また、チームコヒーランスを創造するためには、ハートのパワーにつながる必要があることも知っている。

「海軍特殊部隊シールチーム6」の元指揮官カート・クローニンと彼のパートナーのジェイ・フェラーロ博士は、ハートマス研究所認定トレーナーであり、全米プロフットボールリーグ（NFL）のチームの選手と協力して、エムウェーブHRVテクノロジーというハートマステクニックを使い、選手たちがハートのパワーとつながってチームコヒーランスを向上させるために心拍リズムをモニターしている。ここには、高いレベルのチームコヒーランスが生まれると何が起こるのかという素晴らしいストーリーがある。次のストーリーは、バスケットボールの伝説的存在であるビル・ラッセルの著作『セカンド・ウインド（2番目の風）：頑固な男の回想録』からの引用である。

「よく起きたことだが、セルティックスの試合があまりにヒートアップすると、肉体的と

か心理的ゲームを越えるものになって、魔法にかかったようになる。この感じは言葉ではうまく言い表せないし、試合中にこの感じについて話したことは一度もないが、これが起こると、自分のプレイがレベルアップすることがわかった。しょっちゅう起こるわけではなく、3、4回の試合をするだけでは、それが起こるには不十分だったが、ひとたび起こるとそれは5分間から1クオーター（10分間）の間やそれ以上続いた。そして、それは私や他のセルティックスのメンバーたちだけでなく、相手チームのメンバーたち、さらに審判たちまでも巻き込んだ。

その特殊なレベルにある状態では、あらゆる種類の奇妙なことが起きた。試合が白熱して激しく競い合っていても、どういうわけか私には競っているという感じがなく、それ自体が奇跡だった。私は全力を尽くして頑張り、肺から息を咳き込みながら走っていたが、痛みは全く感じなかった。試合はすごいスピードで進んでいるので、あらゆるフェイントやカット、パスを予期できないはずだったが、私には驚くようなプレイは全くなかった。まるでスローモーションで試合をしているみたいだった。その魔法にかかったような状態の中で、私は次のプレイがどうなるか、次のシュートがどこから来るかをほとんど感知できた。相手チームがボールを味方陣地に持ってくる前にそれがはっきりとわかるので、『そこに来るぞ！』と叫びたい気がした。ただそうするとすべてが変わってしまうこともわかっていた。私の予感はいつでも当たった。そして私はセルティックス全員だけでなく、相手チームの全員も空で覚えていて、さらに彼ら全員も私を知っているようにいつも感じていた。現役時代に感激したり、歓喜したりしたことは数多くあったが、このときは背筋が凍るような思いがしたのだった。

……このような特別なレベルで終わった試合が5回から10回ほどあったが、私はどちらが勝ったか負けたかは実際どうでもよかった。味方が負けたときも、私は鷹のように自由に空を飛翔していたのだった」

部屋に一歩足を踏み入れた瞬間、そこにいる人たちのポジティブな波動で気分が高まったとか、また一見何も問題ないように見えている人々の感情がお互いにギクシャクしていると感じたとかということが誰にでもあるだろう。そこで経験していたのは、一種のハートとハートの生体（バイオ）コミュニケーション、あるいはエネルギーの伝達だ。これを研究するために、ハートマス研究所チームは人とペットとの間のハートとハートとの生体コミュニケーションを検出できるかどうかを調べてみようと考えた。

チーム員たち研究者は12歳の少年ジョッシュと彼の愛犬メイベルに、それぞれ携帯用HRVレコーダーを付けて、それぞれの心拍リズムを調べた。研究者たちは2台のレコーダーを同期させ、メイベルを別の部屋に入れた。ジョッシュがその部屋に入ってメイベルから数フィート離れて座り、犬に触れることなく、犬に向かって意識して愛の気持ちを送った。前ページのグラフにあるように、ジョッシュが愛犬に愛情を意識的に送ると、ジョッシュとメイベルの両方の心拍リズムのコヒーランスが同期して増大していることに注目してほしい。少年と犬との感情のつながりによって、エネルギー伝達が起きたのだ。グラフは、そこに起こっていた愛とつながりを示す証拠のようなものである。

また、ハートマス研究所の研究者たちがは、エレンという女性と彼女の愛馬トノパと一緒に同じ実験を行ったところ、同様にエレンと彼女の馬のコヒーランスが増大する同期的変化が確認された。これはエレンがハートマス製品システムの〝ハートロックインテクニ

Josh and Mabel
heart rhythm entrainment

少年と愛犬メイベル

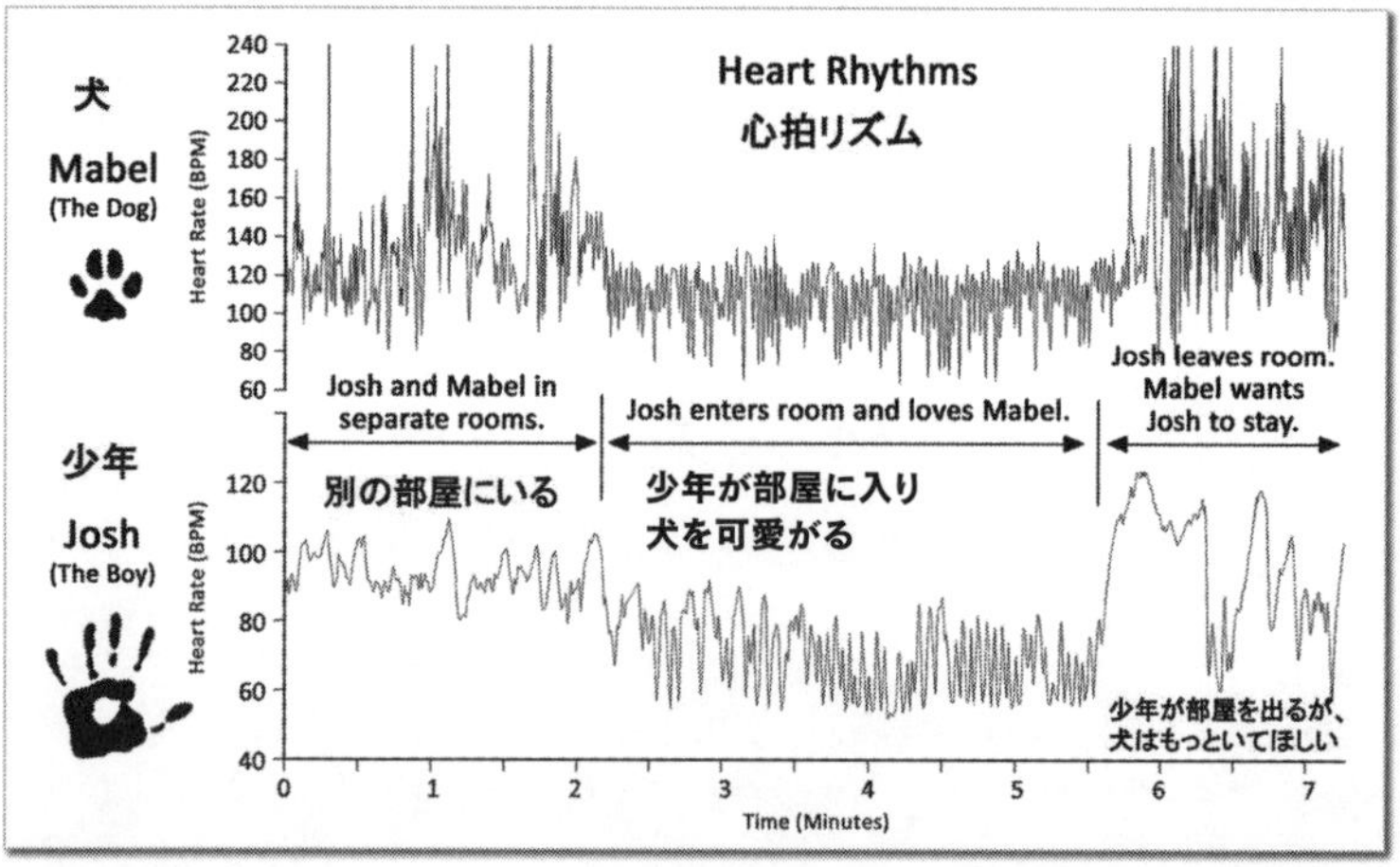
犬
Mabel
(The Dog)
Heart Rhythms
心拍リズム
Heart Rate (BPM)
Josh and Mabel in separate rooms.
Josh enters room and loves Mabel.
Josh leaves room. Mabel wants Josh to stay.
少年
Josh
(The Boy)
別の部屋にいる
少年が部屋に入り
犬を可愛がる
少年が部屋を出るが、
犬はもっといてほしい
Time (Minutes)

エレンとトノパの心拍変動

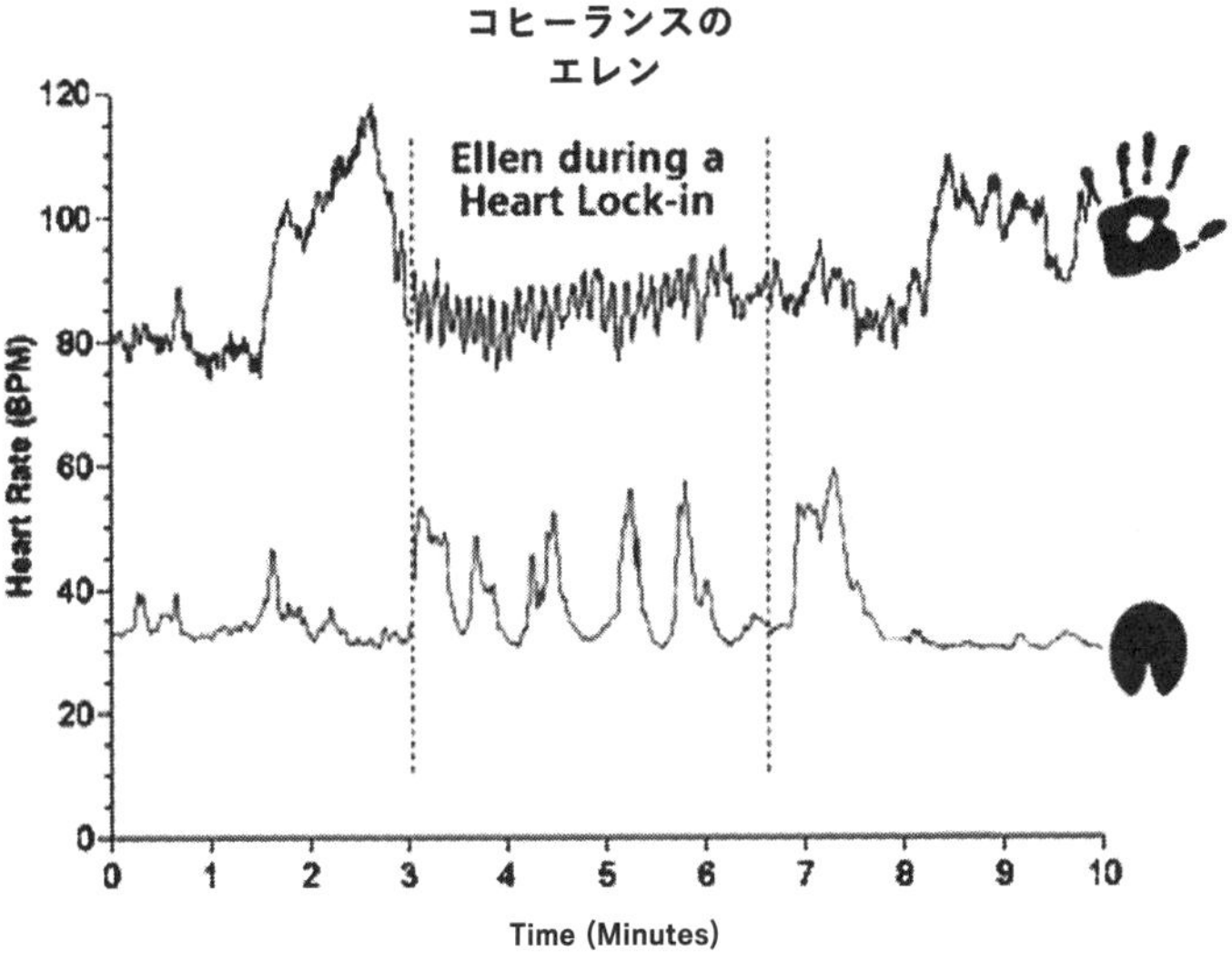

ック〟を使って、馬の囲いのすぐ内側からトノパに愛を送ったときに起こった（前ページのグラフを参照）。これは少年と犬のとき同様に、エレンと愛馬が何か目に見えない方法でつながっていたことを示している。

私のプレゼンテーションでこのグラフを見せると、聴衆たちが目に涙を浮かべ始めることがある。それはハートの深いところのなにかに触れるからだろう。私もこれらを初めて見たときそうなったのでわかる。この研究から、人々がハートコヒーランスをするとエネルギー磁場（磁気エネルギー場）が作られ、これによって相手が自分のハートにつながりやすくなり、ソーシャルコヒーランスの高まることが理解できる。

今、私たちの研究の多くは、相互関係性の科学に焦点を当てている。私たちのビジョンは、グローバルなコヒーランスの可能性の探求だ。それはつまり、より強くハートでつながった世界の創造である。

人間と動物が地球の磁場の変化に影響されることは、これまでも十分に証明されている。「太古から人類は実際に地球の磁場と相互作用してきた」という仮説を、私たちの研究チームが検証しているところだ。これまでのところ、私たちの研究は、地球上の異なる地点にいる人たちの心拍変動（HRV）や心拍リズムが、30日間にわたって実際に互いに同期していることを発見した。これは人間が地球の磁場のリズムに同期していることを示している（本書の後半で、ワクワクするような社会的でグローバルなコヒーランスの研究について詳しく説明する）。

新たなハートの気づき

これまでハートマス研究所が立証した科学や他の科学が人類に貢献してきたことをはるかに超えるものが、新しいハートの気づきによって出現している。これについて、より多くの講演や記事、本、プログラムがハートについて言及するようになっている。多くの企業が会社のミッションステートメントに、リーダーシップやカスタマーケア（顧客サービス）におけるハートの重要性を必ず示すようになってきている。それが「ハートで話す」ハートに聴く「ハートにつながる」あるいは「ハートに従う」などのような言葉で人々に表現されているとしても、人生の決断にハートが重要な位置を占めているという気づきが、エネルギー的に高まっていることは明らかだ。

私がこれまで想像すらしなかった領域で、ハートとハートに関わる資質について言及されることが多くなっている。例えば、広告やビジネスだ。それがより多くの商品を売り込むための動機かどうかは別として、広告主たちは愛やケア、思いやりといったメッセージを、ハートに関わる言葉やイメージをよりあからさまに用いて伝えるようになってきている。「パーパスドリブンマーケティング Purpose Driven Marketing」や「コンシャスキャピタリズム Conscious Capitalism」などは、ビジネスのあり方をハートに根ざしたものに変えつつあるムーブメントの例と言える。

〈訳注〉

パーパスドリブンマーケティングとは、企業がブランドとしての存在意義を起点にして、なぜその商品やサービスを提供するのかを明確にするマーケティング手法。

コンシャスキャピタリズムとは、社会に意識を向けることを意味する conscious と資本主義を指す capitalism を合わせた言葉。社会を良くすることや世の中にポジティブな影響を与えることと、ビジネスで成功することの両立を目指す考え方。

単に哲学的で、検証に乏しいことが多い〝ハート（心臓）〟の特徴づけを超える新しい理解が示されてきたことによって、ダイナミックに相互に関係し、創造的である知性としてのハートが姿を現しつつある。コヒーランス状態のハートの身体的・感情的・直観的・スピリチュアル的な側面につながれば、新しい概念や思考、行動への道を拓くことができる。これを、私たちは「ハート知性」と呼んでいる。

本書の目的は、ハート知性とその実際的な適応方法を理解することで、私たちの波動エネルギーを高めることである。これによって、私たちは自分のエネルギーを管理し、より多くの可能性を引き出し、充実した人生を創造できる。本書ではその鍵となるプラクティスと概念をシェアしていくが、それらはあなたたちには新しいことかもしれないし、すでにあなたたちが自身の内面を探求している途上で見出していることかもしれない。私たちのハート知性を識別する力と、その導きにアクセスする学びの恩恵を解明していくことで、より多くの明確さと気楽さと優雅さを持って、今ような変容の時代を前進していくことができるだろう。

もちろん世の中の考えは一夜にして変わらないが、地球レベルのハートエネルギーが増大し、ハート知性への理解が深まれば、私たちは一緒にプロセスを改良し、その活動を前進させることができるだろう。アメリカやヨーロッパ、アジアを旅していると、私はさまざまな職業の人々がますますハートに根ざした生き方をし始めてきていることに気づかされる。その人数がどのくらいか計算することは難しいが、対立と闘争の中にあっても、各地で新しい気づきと希望が起きているように見える。それは予測のつかない瞬間に現れる。その瞬間とは人々が互いにコミュニケーションする際に、偏見のない全面的な尊敬と協調の気持ちがよく現れているときであることが多い。人々は本質的価値を決断と行動の指針としているという新しい傾向が見られる。これは、人々が困難に直面したときに、どのように反応するか、あるいは反応しないかという場面において、特に顕著に現れる。このときは、通常の予測可能な感情的パターンにでも支配されることはないようだ。

次のいくつかの文章は、私たちが今経験している惑星地球のシフト（変化）についてのドック・チルドリーの考えだ。これは、私が旅先で見てきていたことを説明する助けになった。

「世界の人々はより多くハートにつながってきているけれども、人々のストレスのハードルが上がってきていることも明らかだ。テロや戦争、ウイルス、干ばつ・洪水・竜巻といった地球の気候変動、そして不安定な世界情勢などに対する私たちの集合的・感情的反応による感情の乱れの波によって、地球全体が変調を来たしている。このようなストレスが起こす波は、私たちがどう考え、どう感じて日常の相互関係に対応しようかというとき、(特に感情レベルの)判断に悪影響を与えるような不安感を常にもたらすメディアによって、強力に刺激されて増大している。

明るい話題としては、メディアとインターネットが「かつてなかったほどの愛とサポートと思いやりが、人類の窮状に対して湧き上がっている」という世界観を伝えていることだ。この影響は、今日のインターネットによる人々のつながりを通して、社会的理念を持つ何千という組織が形成されていることに現れている。人種的・社会経済的不平等や医療・政治改革、エコロジーなど、地球におけるたくさんの課題により多くの人々が関心を寄せ、行動を起こしている。人々の生の声やハートからの声が高まり、それらがますます多く聞かれるようになってきている。文化や年齢、スピリチュアル・宗教的信条などに関わりなく、世界のあらゆる地域の人々がハートに根ざした気づきをますます多く経験している。

より多くの人々がハート知性にアクセスすると、それによってエネルギーのつながりが作られ、他の人たちも同様によりアクセスしやすくなる。私たちがジャッジメントや差別を手放すことに対して責任を負うことは、ハートに根ざした気づきのこのエネルギーの勢いに貢献することになるだろう。これによって、私たちがより高い潜在的可能性を引き出すことを阻害するような、精神（spirit）と人間性との間にある重いエネルギーを解放することができる。それには人々が自己のパワーを強化する必要もあるが、そのための地球から得られるサポートと能力が、今はかつてないほど多くある。時が経つほどに、この変容する冒険の旅の中で人類はより親切になり、より思いやりに満ち、より協力的になることから、人々の集合意識の一般的な基調が生存から繁栄に着実に変化するだろう」

それは、ハートのパワーを発見する冒険の旅だ。

第2章 ハート知性の特質

デボラ・ロズマン

「脳（マインド）と感情が心臓と同期してコヒーランスになったときに経験する気づきと理解と直観による導きの流れとして、ハート知性をイメージしてほしい。この知性が、私たちの日々の人間関係に、実用的で身近な方法で、宇宙のソース（根源）から愛のパワーを引き降ろし、私たちを自己実現へのより確かな道に導いてくれる」

ドック・チルドリー

ハート知性にはさまざまな側面があり、本書を通じてそのさまざまな角度から触れていく。ほとんどの人は、自分のハート（心臓）を単なる肉体的な心臓以上の何かとして捉えている。

歴史を通して人々は、人種、宗教、民族に関わらず、ハート（心臓）を自分の存在や直観、知恵の根源としてきた。ほとんどの言語に、「ハートに聞きなさい」とか「答えはハートにある」「心を込める」といったハートの比喩がある。メソポタミア、エジプト、バビロニア、ギリシャといった多くの古代文明では、ハートを知性の源としていた。古代の人々はハート（心臓）が、人間の感情や道徳観、そして意思決定能力に大きく影響し、判断を方向付ける主要な器官だと主張していた。したがって、彼らは心臓の機能に感情的および道徳的に深い意味を極めて多大に持たせていた。数千年にわたって、地球上のそれぞれの文明で生活していた人々は、ほとんどの場合は互いの文明を知らずに、知性と内なる導きの源としての同様なハート（心臓）の知識を共有していたようだ。

実際に、私が公立学校の7歳児クラスで瞑想を教えていたとき、「本当の自分を指してください」と言うと、クラスの全員が自分の心臓を指差した。彼らは心臓が本当の自分だと自然に感じていたのだ。

1970年代初頭にゲシュタルト心理学を成人クラスで教えていたときの経験から、私は頭とハートは二つの異なる思考（知的）システムであることに気づいた。しかし、当時の心理学の文献には、それを説明できるものは何もなかった。生徒が人間関係の対立やキャリアの問題で悩んでいるとき、私は床に二つの枕を置き、一つの枕が頭で、もう片方がハートだと思い込ませるようにした。私は生徒たちを頭の枕に座らせ、そこからハートの枕に向かって語りかけるようにさせた。生徒たちが自分の考えや不安、悩みを皆にシェアしたあと、私は彼らをハートの枕に移動させ、頭の枕に向かって、その問題についての「ハートからの見方」と「ハートが感じていること」を言うようにさせた。

それは、まるで二人の人間が、二つの異なる視点の気づきから話しているようなものだった。それから私は、彼らに頭の枕に戻って、ハートの声に応えるようにさせた。このように3、4回枕を交換すると、彼らはハートの枕のほうに落ち着き、ハートの知性からすべてのことを話すようになった。ここで起きたことは、生徒たちの話すことの深さとエネルギーの質が明らかに違ってきたことであり、これは彼ら自身とクラス全体にもはっきりと伝わってきた。頭とハートを合体させたことから生じた直観的な洞察によって、対立問題の解決や明確な次のステップが導き出されたのだ。私はこれを何度も目撃したので、ハートは知性の根源にアクセスできると確信した。

1980年代半ばに、私がドック・チルドリーに会って、彼から〝ハート知性〟についての話を聞いたとき、その言葉自体には馴染みがなかったが、即座に彼が意味することを理解した。彼は「ハート知性の探求のための研究所創設を助けてほしい」と、私と他の人たちを誘ってくれた。それは、私のそれまでの心臓の研究と経験に共鳴することだったので、私はその申し出を熱意を持って受け入れた。

私たちが研究を始めるにあたって、私たちは自分たちにこう質問した。「スピリチュアルなハートと肉体的なハート（心臓）は、測定可能な方法でつながっているのだろうか？」「人々が心からの感動と言っているのは、脳の単なる反応なのか、それとも肉体的なハート（心臓）は感情的経験に関わっているのか？」「肉体的なハート（心臓）は直観に関与しているのか？」。私たちが1990年代初頭にハートマス研究所を設立したとき、そのような疑問について私たちは追究していた。心臓と脳がどのようにコミュニケーションしているかを理解し、感情的経験や直観、自己調整における心臓の役割を調査することが重要だった。そこで私たちは、肉体的なハート（心臓）とスピリチュアルなハートとの間のつながりを研究することに興味を持っている著名な脳研究者や心臓専門医、精神科医、心理学者、物理学者、エンジニアたちを集めて科学諮問委員会を創設した。

私たちの研究は神経科学や神経心臓学、心理学、生理学、生化学、生物物理学の分野の最新の知見を探求することから始まった。これらの異なる分野からの研究を総合してみると、肉体的なハート（心臓）が少なくても4つの異なる経路を通して、脳と身体に情報を送っていることを発見したのは驚きだった。4つの経路とは、①神経学的交信システム（自律神経系の感覚上行経路を通る）、②生物・物理学コミュニケーション（脈波）、③生化学的メッセージング（心臓はたくさんのホルモンを分泌している）、④ハートから発生する電磁場によるものである。また、私たちが感じることは肉体的な心臓の活動に影響し、かつ影響されることと、私たちの感情は〝ハート知性〟を解き明かす鍵であることを発見した。

インテリジェンス（知性）を理解する

インテリジェンス（知性／intelligence）という言葉は、「掘り出す」とか「識別する」という意味のラテン語の動詞「intelligere」に由来する。このインテリジェンスという言葉には、霊魂不滅説などのさまざまな形而上学的概念と結びついてきた長い歴史がある。しかし、1900年代初頭まで、インテリジェンスを探求することは比較的珍しいことであった。それ以来インテリジェンスは、抽象的思考、理解、自己認識、コミュニケーション、分別力、学び、感情的知識、記憶力、計画性、問題解決といったさまざまな形の能力で表現されるようになった。人間の意識が進化するにつれ、知性とは何かについての私たちの識別力も進化してきたことは興味深い。

今日、学者たちによる知性の定義はたくさんあり、本当の意味でのコンセンサスはまだ得られてない。多くの人たちの中で、知性はＩＱ（知能）テストの結果に限定されている。人間の知性を、ＩＱテストで計測できることに限定することには、多くの批判がある。そう批判する人たちでもIQテストがある種のアチーブメント（達成度）をよく予測できるという事実に対しては、異論はない。しかし、彼らは、人間の知性の概念全体の基準をIQの成績だけで決めることは、人間の能力のほかの重要な側面を無視することだと主張する。

1983年にハワード・ガードナーが著書『精神の枠（Frames of Mind）』（MI：個性を生かす多重知能の理論）の中で、人々には、論理的、語学的、空間認識的、音楽的、運動感覚的、内省的（自分を知る）、自然主義者的、対人的（相手を知る）といった、複数の知性（知能）があることを示唆した。これは知性についての教育者の考え方を既成概念から解放し、一部の学校ではこれらの異なる知性に向けて教え始めた。そこから一連の知性の幅広い見方が展開されていった。

1995年にダニエル・ゴールマンが画期的な本『情動的知性（Emotional Intelligence）』を出版し、心の押入れから感情を引き出し、それを気づきの最先端に置くという新しい運動の口火を切った。ゴールマンは、感情と知性の本質に関する検討を徹底的に研究し、人生での成功は、知的能力や分析能力の高さと同等かそれ以上に、感情をコントロールする能力の高さによることを明らかにした。彼は、幅広い職業において成功し、友情を築き保つために重要なのは、自分の感情を自己調整し管理する能力であることを発見した。

ゴールマンの研究結果によって、ポジティブな感情状態が実際に私たちの思考力を高めるという説に基づいた「ポジティブ心理学」と呼ばれる新しい科学探求分野が生まれた。バーバラ・フレドリクソンの「拡張―形成」理論は「ネガティブな感情では、多角的な視点を受け入れたり、問題解決と創造性を促進する状態をもたらすことはできない。感謝や愛といったポジティブな感情の状態のときだけがそれを可能にする」と説明している。今、研究者たちは、人類のコミュニティが高次の複雑さと調和に向かって進化するにつれて、ポジティブな〝集合的知性〟について話し合っている。

私たちがハート知性の研究を始めたとき、被験者に感謝や愛、ケア、思いやりの感情を持ちながら、ハートフォーカス呼吸テクニックを練習してもらった。彼らは直観と洞察が高まり、日常生活でより効果的な選択ができるようになったとたびたび報告してきた。このことは「ハートフォーカス呼吸の実践が、私たちの普段の認知能力の範囲を超える知性を刺激するのではないか」と考える理由になった。多くの賢人や哲学者が、脳の論理的プロセスとは無関係に、直接的な知覚と明晰さをもたらす直観的な知性について語っていることを私たちは知っていた。私たちはその生理学的経路を理解したかったので、次のステップとして、心臓と脳がどのようにコミュニケートしているかを調べた。

心臓と脳の研究——心臓は独立した一つの脳

心臓と脳のコミュニケーションに関する徹底した生理学的研究が20世紀後半に始まった。1960年代から70年代にかけて、先駆的生理学者であるジョンとベアトリス・レーシーが、心臓は実際に脳とコミュニケート（交信）しており、それが私たちの周囲の世界の認知と反応に大きな影響を与えていることを示す研究を実施した。

ハートマス研究所が設立された1991年に、心臓神経学のパイオニアであるJ・アンドリュー・アーマー博士が「心臓脳」という言葉を発表した。彼は、心臓がそれ身体一つの脳として作用し、頭の脳とは独立して機能する複雑で固有の神経系を持っていることを発見した。この心臓脳は内部で情報を感知し、プロセス（処理）し、コード（符号）化することが明らかにされている。心臓脳には学習能力があり、短期と長期の記憶力と神経可塑性すらも備わっていることが証明されている。さらに、心臓から脳に送られる上行性神経信号は継続的に脳の高次の認知および感情中枢の活動と絶えず相互に作用し、その活動を修正している。このように、心臓から発した入力信号は、私たちの知覚や認知、感情の根底にあるプロセスそのものに大きく継続的な影響を与えている。身体的なレベルでは、心臓は先天的知性を持っているだけでなく、それが脳と身体との広範囲にコミュニケート（交信）することによって、私たちが考え、感じ、世界に反応する仕方と密接に関わっているのだ。

今日では、科学者たちは独立した心臓の知的な機能についてはるかに多くのことを学んでいるが、臨床医や他の研究者たちを含む多くの人々の間ではまだ一般的な知識とされていない。ここでは、その知見のいくつかを紹介する。

*胎児の心臓は、脳が形成される前に鼓動し始める。

*心臓と脳の間には常に双方向のコミュニケーションがある。

*心臓は、脳が心臓に送るよりも多くの情報を脳に送っている。

*心臓は身体が選択したことを知らせる信号を脳に送っている。

*心臓は身体の多くのシステムが互いに調和して機能できるように、それらが同期（シンクロ）する助けをしている。

*心臓の信号は、戦略的思考やその反応時間、自己コントロールに関わる脳の中枢に特に影響を与えている。

感情の自己コントロール（セルフレギュレーション）

90年代初頭、私たちの研究センターは、ネガティブな感情やストレスの多い感情が神経系を同期していない（非同期）状態に投げ入れると、心拍リズムが乱れ、心拍リズムモニター上にギザギザの波形パターンが現れることを発見した。この状態は身体システムへのストレスを増大させ、精神的機能にネガティブな影響を与えた。これに対して、感謝や愛、気遣い、思いやりといったポジティブな感情は、神経系の調和とバランスを増大させ、滑らかで調和のとれたサイン波形（正弦波）のような心拍リズム（コヒーランス）を示すことがわかった。このような調和のとれた心拍リズムはストレスを減少させただけでなく、それ以上の効果があった。実際に、より明晰に思考したり、感情的な反応を自己コントロールする能力を向上させたりしたのだ。

私たちは、ハート（心臓）から受け取るメッセージを読み解く方法を学ぶことで、人生の難関の真っただ中にあっても感情を効果的にコントロールするために必要な鋭い直観力を得られることを見出した。ハート知性により耳を傾け、それに従うことを学べば学ぶほど、私たちの感情はよりバランス良く、コヒーランスの状態になる。感情的な知性（Emotionally Intelligent）に富む人たちは、それだけハートの知恵と知性に教育されているのだ。ハート知性による調整機能がないと、私たちの思考は、不安や怒り、恐れ、非難といった反応的感情に支配されるだけでなく、容易にエネルギーを消耗させる反応や行動の餌食になってしまう。感情の自己コントロールが、ハートの知性にアクセスする助けをすることが明らかになった。これに加え、よりコヒーランスな心拍リズムにシフトすることを学ぶと、精神的（知的）明晰さと直観が高まり、ハートの直観的なシグナルに耳を傾けられ、より深くハート知性につながることができるようになる。

ハート知性と心理学

私がシカゴ大学の生徒として心理学を学んでいた頃の話である。認知行動療法（CBT）という、状況や出来事についての認識や思考を変えることで、理論的には、その感情の状態が変化するように考えられた進化系の心理療法が紹介された。CBTは今日でも最も一般的な心理療法であり、何百万という人々がこれで助かっているため、最も効果的なセラピーだとされている。しかし、ほとんどの療法がそうであるように、CBTがうまくいく人とそうでない人がいるということがわかっている。なぜなら私たちの根深い感情的な信念は、理性的で概念的な思考を遮断することができるからだ。

感情的な自己認識と感情を偏見なく受け入れることに気持ちを集中することが、（感情的な）抵抗を解放するために不可欠な最初のステップになることがよくある。ハートを開くことで、直観的なハート知性が洞察力をもたらし、より大きなハートの全体像が私たちの知覚に浮かび上がり、心理的・感情的な癒しが促進されるのだ。

感情を抑えるのではなく、より質の高い感情や認識に変容させる能力は、個人と人類全体の意識向上には不可欠だ。歴史を振り返ると、感情の管理を誤ったために、非難や憎しみ、報復という結果がもたらされ、私たちの惑星に終わりのない苦しみの輪が作られてきたことがわかる。思考と感情を新しい認識（Perception）に変容させるパワーは、ハートの直観的な導きと知恵により深く耳を傾けることを学ぶことで促進される。そうすることで、機械的に反応する代わりに、私たちの感情的反応を選ぶ能力を高められる。私たちは、自分を消耗させる感情や態度を認識し、それらを再生的で、より賢明な視点をもたらす感情と態度に置き換えることを学べる。この能力を身につけられることが、ハート知性にアクセスするツールを実践することの主な利点の一つだ。

私たちの思考を形作ることが多い心理的・感情的信念とハートの導きを見分けることは簡単ではない。マインドの思い込みとハートの導きとの違いを見極める練習をすればするほど、その二つをより見分けやすくなるというのはとても元気づけられることだ。最初は難しそうで、何度も挫けそうになるだろう。でも練習するうちに、ハートの直観によって、知的思考や概念的思考、または感情的願望と信念とは異なる質やトーン（響き）を持っていることに気づけるようになるだろう。

私が数年前に経験したように、それがハートだと思って従ったら、トラブルに巻き込まれてしまったということが、あなたにあったかもしれない。例えば、ある人とのデートに胸がうずき、ハート（心臓）の鼓動が速まる気持ちだったけれど、結果は惨めだったということがあるだろう。私たちはよく感情的情動をハートの直観と勘違いして、その誘惑に従ってしまう。この違いを見分けるには練習が必要だ。魅力的な誘惑はいつでも本当のハートからの信号ではないことを、私は試行錯誤して学んだ。

ハートはしばしば静かに常識的なことを囁《ささや》く。「給料はとてもいいのだけれど、この仕事を引き受けるべきかわからない」とハートが言うことがよくある。すると、私たちの思考（マインド）はその仕事を引き受ける決断をする。なぜなら、多くの場合、私たちがより正確に見極める能力を持つまでは、ほとんどの場合、選択の基準としてお金のほうがハートに勝つからだ。思考は私たちの欲求と反応に理由付けをする傾向がある。私の友人のエミーは「思考（mind）のジャッジメントと反応が行動の主導権を握っていると、怒っても当然のように感じてしまうわ。私のハートは明確に違う。もっとソフトでシンプルよ。ハートに聞くのは勇気がいるわ。ハートは〝放っておきなさい〟とか〝大したことではない〟と言うかもしれない。そして相手のことを見逃してしまうのではないかとか、相手の思うがままにされてしまうのではないかと、あなたは恐れるかもしれない。でもハートの言うことに従う勇気があれば、もっと気持ちがすっきりして、いろいろなことがうまくいくようになるわ」と言う。

「頭からの声」と「ハートからの声」の聞こえ方の違いを見分ける方法として、次にいくつかの例を挙げる。

ラッシュアワーでの運転

頭：くそっ、この渋滞はなんだ⁉　馬鹿なドライバーのおかげで、みんなが遅くなっている。いつになったらこの道路が拡張されるんだ？　あの女、わざと割り込んできた！

ハート：渋滞はあの車が動き出すまでは解消しないだろう……イライラしても仕方ないしエネルギーの無駄だ。ラジオでもつけて音楽を楽しもう。

仕事場で

頭：いったい彼女は自分を何様だと思っているの？　彼女が良い仕事を任されて、私につまらない仕事が残されるのは不公平よ……頭に来る！

ハート：彼女にとって今が大変な状況であることはわかっているし、焦っていることもわかっている。私は冷静にしていて、このドラマに巻き込まれて陰口など言わないようにしよう。態度を改める必要があるのは私のほうかもしれない。今度彼女をランチに誘ってみようかな。

トーン（響き）の違いを聞き分ける練習をするうちに、マインドとハートが二つの異なるラジオ局のようなものだと気づくだろう。ハート局にダイアルを合わせると、あなたの態度は変化し、全体の状況によりふさわしい反応を脳が求めるようになる。そして、脳（マインド）はそのプロセスの大勝利者になる。そのほうがより理性的だからだ。ハート知性は脳により大きな全体像をもたらすので、全体をより包み込みながら、自分自身にとって何がベストであるかを考える余裕が生まれる。

同時に、私の感情的な性格を調律し、問題を解決するための最も効果的な方法は、ハートにアクセスし、自己と他人への思いやりや感謝、親切さを実践することであると学んだ。このようなハートに根ざしたことを実践しているおかげで、私は心理的や感情的な好みや懸念と、直観的なハートの感情との違いを識別できるようになってきている。私たちの研究では、人々がハートの本質的な価値観とつながると、直観的に洞察することがより頻繁にできることが発見されている。それは偽りのない感謝や思いやり、優しさの感情によって引き起こされ、超スピードで脳にダウンロードされる直観である。

例えば、たくさんの人々が感謝やありがたいという気持ちを日誌に書くことの恩恵について話している。人々が感謝やお礼の気持ちを表すとき、それがより多くの洞察と効果的な結果をもたらす知性による行為であることに気づかされた（それらは単に感じが良いとか哲学的という行為ではない）。

多くの人々は、ハートの直観的な信号を感じ取るために、何らかの形で行う祈りや瞑想を実践している。マインドフルネス瞑想は最近特に人気がある。それは判断（ジャッジメント）を加えたり、それらにはまり込むことなく、考えと感情をただ見守ることを教える。「慈悲の瞑想」はその能力をさらに高めると同時に、マインドフルネスの重要な要素だ。マインドフルネスについての多くの本の著者であるジョン・キャバツ・ジンは、「思いやりのある知性の場のように、あなたたち自身のハートの中にある〝気づき〟は、すべてを受け入れ、混乱の中にあっても平和をもたらす。それは、気が動転している子どもに平和や思いやり、思慮深さをもたらす母親のようなものだ。彼女は、何が子どもを困らせていようが、それはやがて過ぎ去ることを知っているので、慰めや安心、平和を自分の存在そのもので示すことができる。自分自身のハートにマインドフルネスを育てていくと、私たち自身に対しても同じ思いやりを向けられるようになる。

やがて人類は、ハートには人生の旅に必要な直観による導きをもたらすために設計された高い知性のソフトウェアパッケージが入っていることに気づくだろう。かつてないほど多くの人々が、人生のより深い安らぎと流れ（フロー）を見つけるためにハートに向かっている。感情的な知性はその一部だが、ハートには何か深い知性があることを人々は直観的に気づいていている。そうでなければ「答えをどこに求めていいかわからないときは、ハートに聞きなさい」と言わないだろう。面白いのは、最初にあちこち他の場所に聞きにいくのではなく、どうして最初からハートに聞かないのだろうという疑問が残ることだ。

これからの章で、私たちが生まれながらに持っているハート知性についての研究成果をさらに詳しく述べる。それらの研究成果を知ることによって、ハート知性が他の知性の側面を統合し、私たちが本当の意味で自分自身になれることを理解できるだろう。

第3章

直観的なハート

ロリン・マクラティ

私たちは、「ハートではベストな選択だ！」と感じても、マインド（思考）の恐れや欲望に負けてしまい、その結果、問題が発生し、それを解決するために後戻りをしなければならなかったという経験をすることがある。前章でハート知性を〝脳（マインド）と感情がハート（心臓）とコヒーランス状態になったときに、私たちが経験する気づきや理解、直観的導きの流れ〟であると説明した。

私自身の経験や他の人を観察した結果からすると、脳（マインド）が考えることと直観的なハートが静かに伝えようとしていることとの不一致が、自分では気づかない最大のストレスの原因の一つになりうることに気づいた。それはまるで相反する方向に引っ張られている感じだ。ギリシャ人たちは、このような対立する側面を、自分の内面的な経験を支配しようとする絶え間ない争いとして見ていた。私は、必ずしも直観が偶発的な束の間のものではないことと、脳（マインド）と絶え間なく争う必要がないことに気づいている。練習すれば、日々の暮らしの選択と決断に、直観を引き出して利用することができる。

この章では、直観について、ハートマス研究所などで行っている科学的研究のいくつかを簡単に紹介しようと思う。このワクワクするような研究を説明する前に、直観という言葉が一般的にどのように定義されてきたかを説明することがあとで役に立つだろう。

〝直観（Intuition）〟の語源は、「見る、見なす、内面から知る」という意味の〝intuir〟というラテン語に由来する。ほとんどの辞書は直観を「意識的な推論なしに、物事を理解し、知る能力」と定義している。直観というトピックスについての科学的概念は、「複雑な一連の相互に関連する認知および身体的プロセスであり、そこには意図的・合理的思考の明確な介入がない」と説明している。

直観の種類

歴史を概観すると、直観に関する研究のほとんどは、知覚の認知的あるいは心理的な面に重点を置いており、直観は潜在的プロセスと潜在的記憶によってなされるものとされている。このようなタイプの直観は、学習したことを忘れていたり、学習したことに気づいていなかったりする、脳内にしまい込まれている既存の情報に潜在意識がアクセスする機能だ。

一般的に科学界では、脳が二つの異なる処理システムを使っているという理論がよく受け入れられている。これは「二重過程理論」と呼ばれる。最初のシステムは潜在意識的で自律的、そして直観的である。これは、今見ていることや聞いていることの類似点を過去の潜在的記憶の中から探し、双方に一致するものを見つけようとする、情報の高速処理プロセスだ。したがって、このシステムの実践にはメンタル面の負担が比較的少なくて済む。私は町の自動車修理工だった祖父と過ごした子どもの頃を覚えている。自動車やトラックのアイドリングを〝ただ聞く〟だけで、その不具合の問題を瞬時にわかってしまう彼の能力によく驚かされた。ある分野で経験を積んだ人が、そのような潜在的な直観を使えるようになるのは、重要な手がかりを瞬時に無意識のうちに認識し、それを馴染んでいる知識と照合させる脳の機能があるからだ。それとは対照に、脳が使う二つ目の処理システムは、比較的ゆっくり稼動するもので分析的だ。これは状況や問題についての考えを認識するシステムだ。

（訳注）頭脳における二重過程理論

二重過程理論によると、一つの脳内に二つの心が共存している。私たちが普通「自己」と言うとき、それは「分析的システム」つまり理性であり、このシステムは言語や規則に基づいて処理を行い、意識的に物事を処理している。これに対して「自律的システム」つまり感性は刺激を自動的かつ迅速に処理し、意識的に制限できない反応を引き起こす。

これらの二つの心の働きは、人間が進化の過程で獲得してきた性質である。特に感性の部分は、人間の脳の中にハードワイヤーとして組み込まれているのである。感性を持つことは動物の生存にとって有利な性質であるから、それが脳内に組み込まれているのである。キース・E・スタノヴィッチの二重過程理論では、ヒトの感性は遺伝子の利益を優先し、理性は個体の利益を優先しているという。人間は理性と感性に葛藤が生じるような危機的状態に置かれると、混乱したあげく、より根源的な感性に支配された行動を取る。

潜在的プロセスはまた、科学界でよく〝洞察〟と呼ばれるものをある程度説明できるものにもなっている。新しい問題に直面し、すぐ解決できないとして、結局しばらく棚に置いていても、私たちの脳は潜在意識的にその問題に取り組んでいることがある。例えば、シャワーを浴びる、運転するといった、その問題と何も関連のないことをしている際に、解決法が直観的洞察として意識上に飛び込んでくることがある。「あ、そうか」とか「わかった（ユーレカ）！」の瞬間だ。潜在的プロセスは重要で一般的な直観の一つであるが、一部の科学者たちはそれが直観の唯一の特性だと信じている。しかし、そうではないことを示す新しい研究結果がある。

直観の潜在的記憶という側面に加えて、よく直観という言葉にひとくくりにされがちな2種類の感性がある。このため、特に高次元からの叡智や導きをもたらすより深い直観について語るときに、人々を混乱させることがある。3種類の直観を前ページに示した。前述の潜在的記憶とエネルギー的感覚、そして非局所的直観と呼ばれるものの3種類である。

エネルギー的感覚（Energetic Sensitivity）

エネルギー的感覚とは、環境中の電磁波といったさまざまなエネルギー信号を感知する身体と神経系の機能のことである。この感覚についての一連の研究は、私たちが1990年代初頭にハートマス研究所で水に関する研究をしていたときに始まった。私たちは、水には弱い電磁波信号に対して予想外の「増幅効果」があることを発見した。また水の種類によって、微弱な信号を増幅する能力が微妙に異なることもわかった。心臓が電磁場を発すること、それは高感度の磁気探知機によって、人体から数フィート離れたところでも検知できることを知っていたので、研究所長のマイク・アトキンソンと私は、コップの水の中から人の心拍が検出できるかどうかを調べるというアイデアを思いついた。

私たちはコップの水に電極を入れ、そのコップを実験協力者の胸に触れないように、その人の前に置いた。実験は成功だった！　人体の80％は水だと知っていたので、次にすることは明らかだった。人の心拍が他の人の身体と脳に検出できるかどうかを調べたいと思った。実際、それができることがわかったので、これが一連の実験につながり、心臓が環境に放射する電磁場信号は近くにいる他の人や動物にも検出できることが確認された。面白い例（ジョッシュと愛犬メイベル、エレンと愛馬トノパ）が第1章（28・29ページ）に紹介されている。

次の研究段階として、私たちの感情に関わる情報が心臓から放射される磁場に符号化（エンコード）されることを示すことができた。要するに、これは微小だが影響力のある電磁波的、あるいは

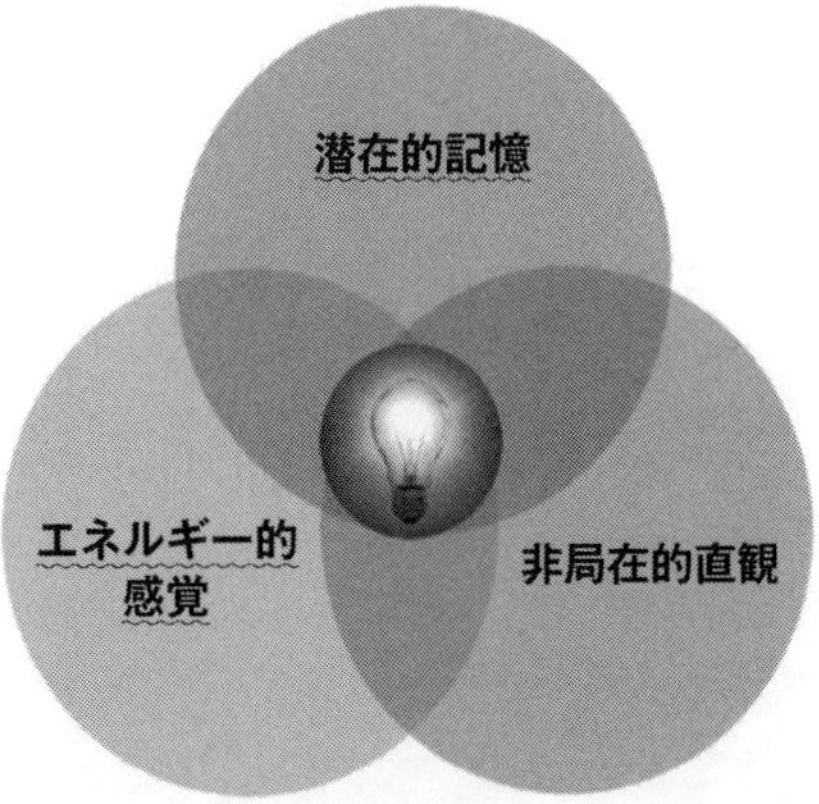

3種類の直観

〝エネルギー的〟コミュニケーションシステムが私たちの意識下で作用しているということだ。このコミュニケーションシステムが、私たちと他人とをエネルギーでつないでいる。このことは他人のボディ・ランゲージや声の調子からの手がかりを得る前に、私たちは相手の存在や感情の状態を知ることができるということの説明にもなっている。

また、この種類の直観の別の例が、地球磁場の変化に敏感な人たちだ。その人たちの多くは、太陽風または磁場嵐が起きている間、不安や疲労感が増大し、精神的に混乱した経験を持っている。実際、私たちの研究データは、私たち皆が程度の差こそあれ、地球磁場のリズムの変化に影響を受けていることを示している。

非局在的直観——遠く離れた人のことがわかる直観とは？

ハートマステクニックをある程度は練習している人たちから、この数年間で最もよく聞く感想は「直観力が顕著に高まっている」というものだ。また、シンクロ現象が起きる回数も増加していると報告されている。その人たちが私に話した多くの体験は、過去や忘れていた知識（潜在的記憶）や環境からの信号（エネルギー的感覚）の知覚では説明がつかないタイプの直観だ。それは通常の時間や空間の限界を超えているものなので、このような種類の直観を「非局在的直観」と呼んでいる。あなた自身も経験したことがあると思うが、私が人々からよく聞く非局在的直観にある話は、長い間話すことも考えたこともなかった過去の友人について急に思い出したり、考え出したりし、その人のことを思った直後に電話が鳴ると、案の定、その人からだったというようなものだ。

別の非局在的直観についてのよくある例は、出来事が起きる前に、そのことをはっきりと感知するとか、遠く離れている母親や、自分が住む町の反対側に住んでいるわが子が苦しんでいたり、けがをしているのを感知するというものだ。私は過去数年間に多くの警察関係の人たちと一緒に働く機会があったが、私たちの非局在的直観の研究を紹介すると、ほとんど必ず警察官のうちの誰かが、そのような直観によって人命が救われたことがあるという話をした。

数年前にノエティック・サイエンス研究所の上級研究員であるディーン・ラディン博士

がハートマス研究所を訪問した際、彼が最近行ったある研究の結果を教えてくれた。それは、ネガティブな感情か、または心を落ち着かせる感情のどちらかの反応を引き起こす写真を任意（ランダム）に選んで見せたところ、参加者（被験者）たちがその写真を見る前に、反応を引き起こすと予想されるほうの自律神経系が実際に反応したというものだ。私は即座に、博士の行った実験が非局在的直観のいくつかの側面を厳密に調査するために利用できるツールであることを理解した。

それに続く数カ月間、私たちはラディン博士の実験をさらに発展させて、未来の出来事についての直観的情報が、いつ、どこの身体に記録されるのか、またそれがどのように身体と脳と神経系を通って伝達されるかを測定する手段を実験内容に加えた。博士は、自律神経系反応測定として神経系の交感神経枝の変化と対応する皮膚伝導レベル（SCL）に着目していた。私たちの最初の実験は、皮膚伝導レベルに加えて、被験者たちの脳波（EEG）や心臓の電気的活動（ECG）、心拍変動（HRV）も測定した。

一連の研究の第1弾として、ハートマステクニックを使って、ハートコヒーランスを維持した経験のある成人26名を対象にして、2週間の休みを挟んで2回の実験を行った。半数の被験者には、ハートロックインと呼ばれるハートマステクニックを使って、最初に10分間ハートコヒーランス状態になったあとで実験を行い、残りの半数の被験者にはハートロックインを使わない実験を行った。コヒーランス状態になることが結果に影響するかどうかを調べるために、各グループの実験順序を2回目の測定時は反対にした。他に行った実験で、実験前にハートコヒーランス状態になると、能力と集中力が向上することを私たちは発見していたため、たぶんそうなるのではないかと予想していたからだ。

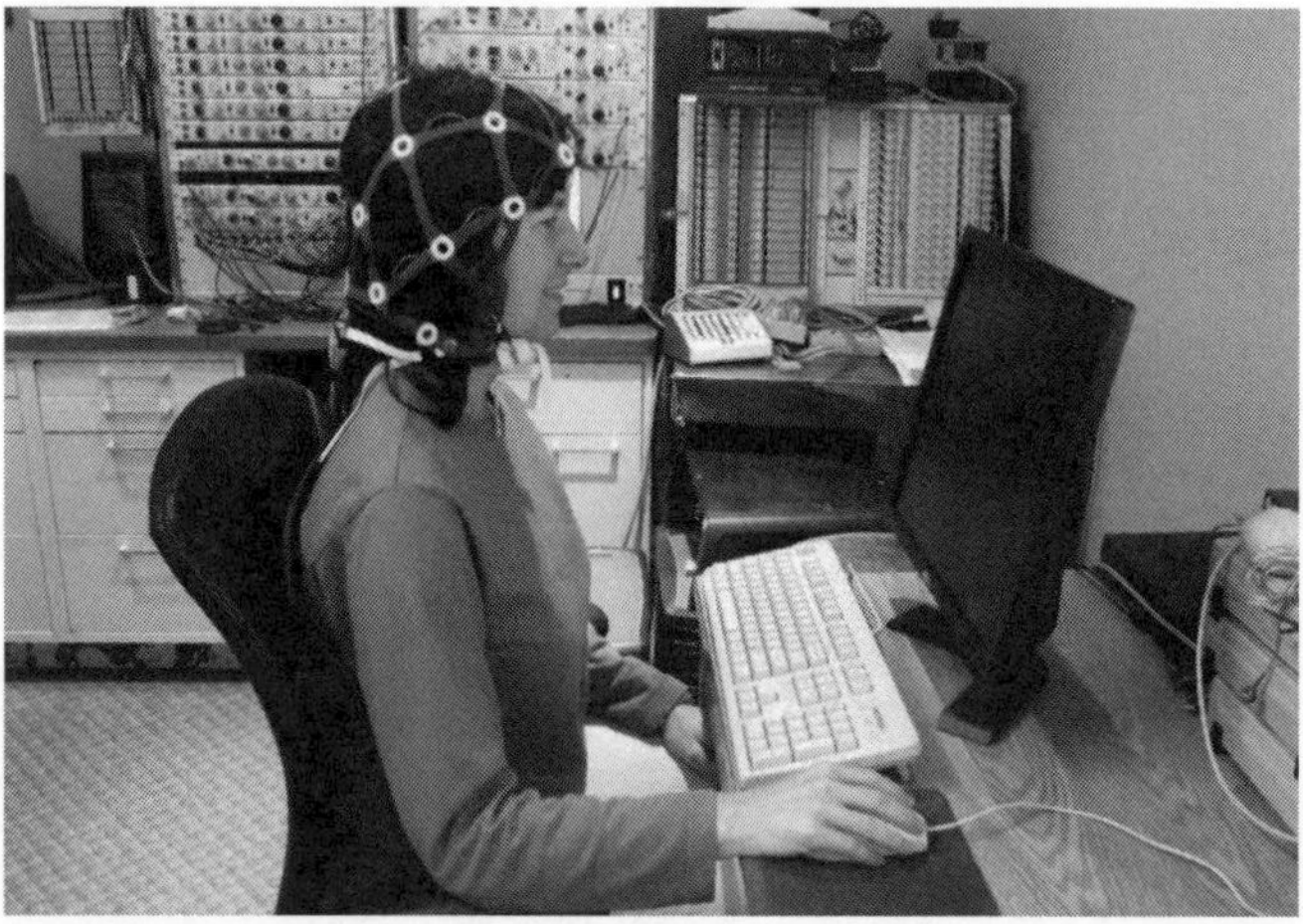

実験の様子

被験者たちは、さまざまな種類の写真に対するストレス反応を測定する実験に参加していると思っていて、実験の本当の目的は知らされていなかった。彼らは一人ずつコンピュータスクリーンの前に座り、実験を始める準備ができたらマウスをクリックするように指示された。マウスをクリックするとコンピュータスクリーンは6秒間空白のままになった。この時点で、彼らの生理学的データがすべて記録されたあと、特別なソフトウェアプログラムがランダムに選んだ写真が映された。それは強い情動的反応か、冷静な状態のどちらかを引き起こす写真である。選ばれた写真はスクリーンに3秒間映し出された（次ページの図を参照）。そして空白のスクリーンがさらに10秒間映され、その後に被験者は準備ができたらマウスを再びクリックして次の実験を始めるようにという指示がモニター上に表示された。それぞれの被験者は実験中に45枚の写真を2回見た。45枚の写真のうち、30枚からは平穏な反応が引き起こされ、15枚の写真からは強い情動反応が引き起こされることが、これまでの実験からわかっていた。

この実験はいくつかの興味深い結果をもたらし、それらは一つの論文に収まらないほど多くのデータだったので、二つの研究論文として発表された。その主な部分をここに紹介

非局在的直観の認知実験プロセス

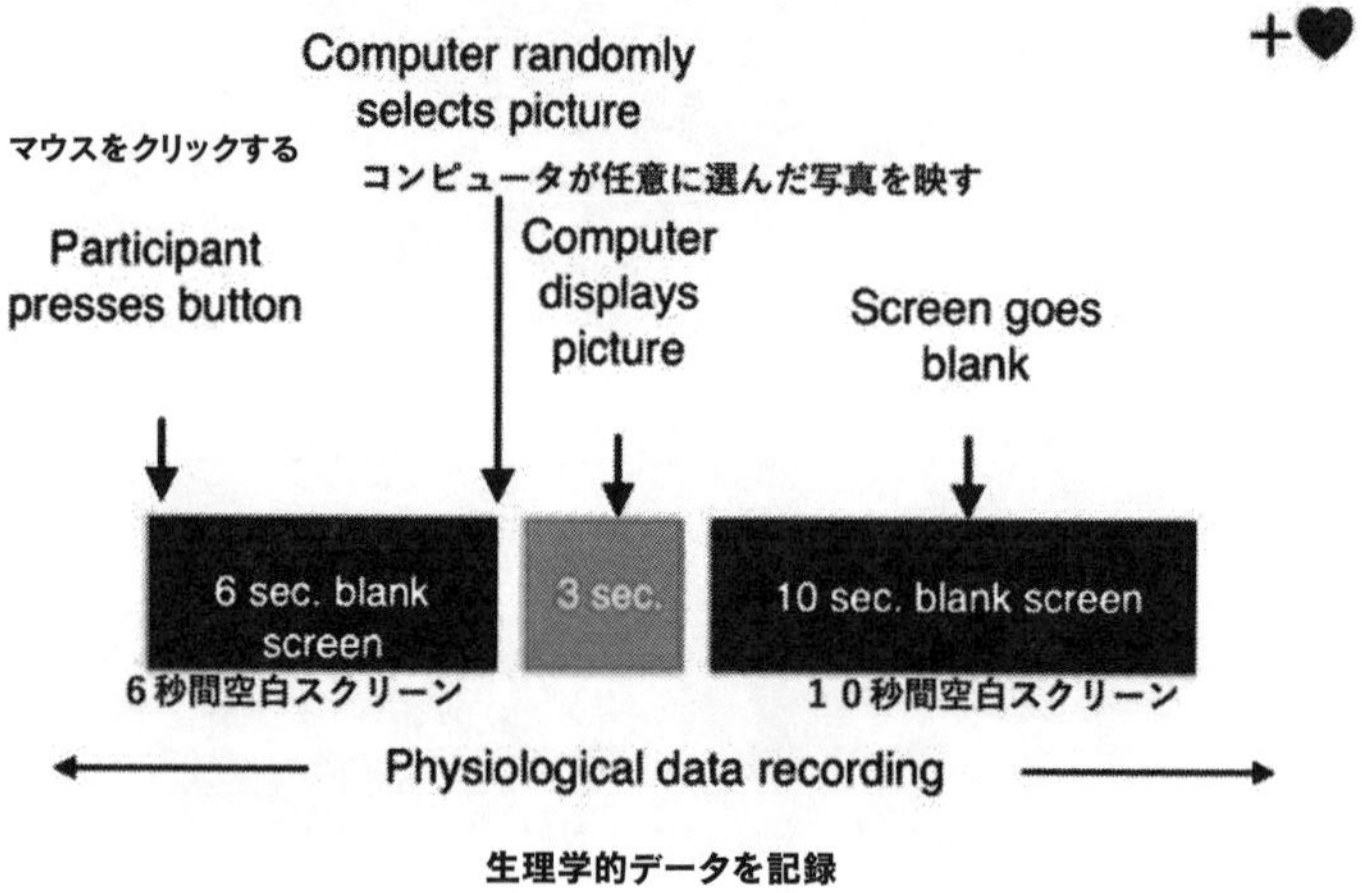

非局在的直観の研究実験の手順。被験者はコンピュータスクリーンを見て、実験を始める準備ができたらマウスをクリックするように指示された。マウスをクリックすると、空白のスクリーンが６秒間続き、その後２種類のコンピュータがランダムに選んだ写真の１枚が３秒間映し出された。その後空白のスクリーンが10秒間続いた。この落ち着く（クールダウン）時間のあと、準備ができたら被験者は次の実験を始めるようにという指示がモニターに表示された。この実験における直観（刺激前）反応は、ランダムに選ばれた情動的反応か冷静な状態のどちらかを引き起こす写真を被験者が見る前の６秒間の空白スクリーン時間に測定された。

する。
　この実験研究は、コンピュータがランダム（任意）に選ぶ前に、その写真の感情的な内容についての情報を心臓と脳の両方が受け取り、反応しているように見えることを示した。言い換えると、心臓と脳は未来の出来事が起こる前に、それに反応しているように見えたということだ。実際は、写真がコンピュータによってランダムに選ばれる4・8秒前である。覚えておいてほしいのは、コンピュータがランダムに写真を選んで映し出す前に、生理学的データが記録されたことである。

　さらに重要なことは、脳が受け取るよりも早く心臓がこの情報を受け取っているというデータが得られたことだ。私たちは脳波と心電図の両方を記録していたので、心拍誘発分析と呼ばれる解析が可能になった。つまり、これによって心臓から脳の異なる領域への神経信号の流れや経路を追跡することができた。この分析結果からの重要な発見は、刺激前反応が脳のどこかに起こる前に、心臓が、未来の写真の感情反応によって決まる、異なるパターンの神経信号を脳に送っていることだ。心臓からの信号が脳の前頭葉に到着した直後に、刺激前信号の明瞭なパターンが脳に示された。

また、この解析によって、実験が始まる前に被験者がハートコヒーランス状態になっていると、心臓から送られた信号は脳の前頭葉領域の活動変化により強い影響を与えることが明らかになった。これは、被験者が実験前にハートコヒーランス状態になっていると、心臓からの直観的情報により同調しやすくなることを示す。

この結果は、心臓と脳が古典的な時空間領域を越えて作用している情報源につながっていることを明確に示している。物理学ではこれは非局在（量子）情報と呼ばれている。これらの実験はまた、私たちがハートコヒーランス状態になる練習をすると、そのような情報源により共鳴することを示唆しているのだ。

これに続いてさらに興味ある結果が、イランで行われた被験者としてリピーター企業家を使った非局在的直観の実験で得られた。この実験では、私たちが以前の実験で用いたものと同じプロセス（穏やかな写真と感情的な写真）を使ったが、ここに重要となる工夫が加えられた。最初に、イランの研究者らは15名の被験者たちによって実験を行い、私たち

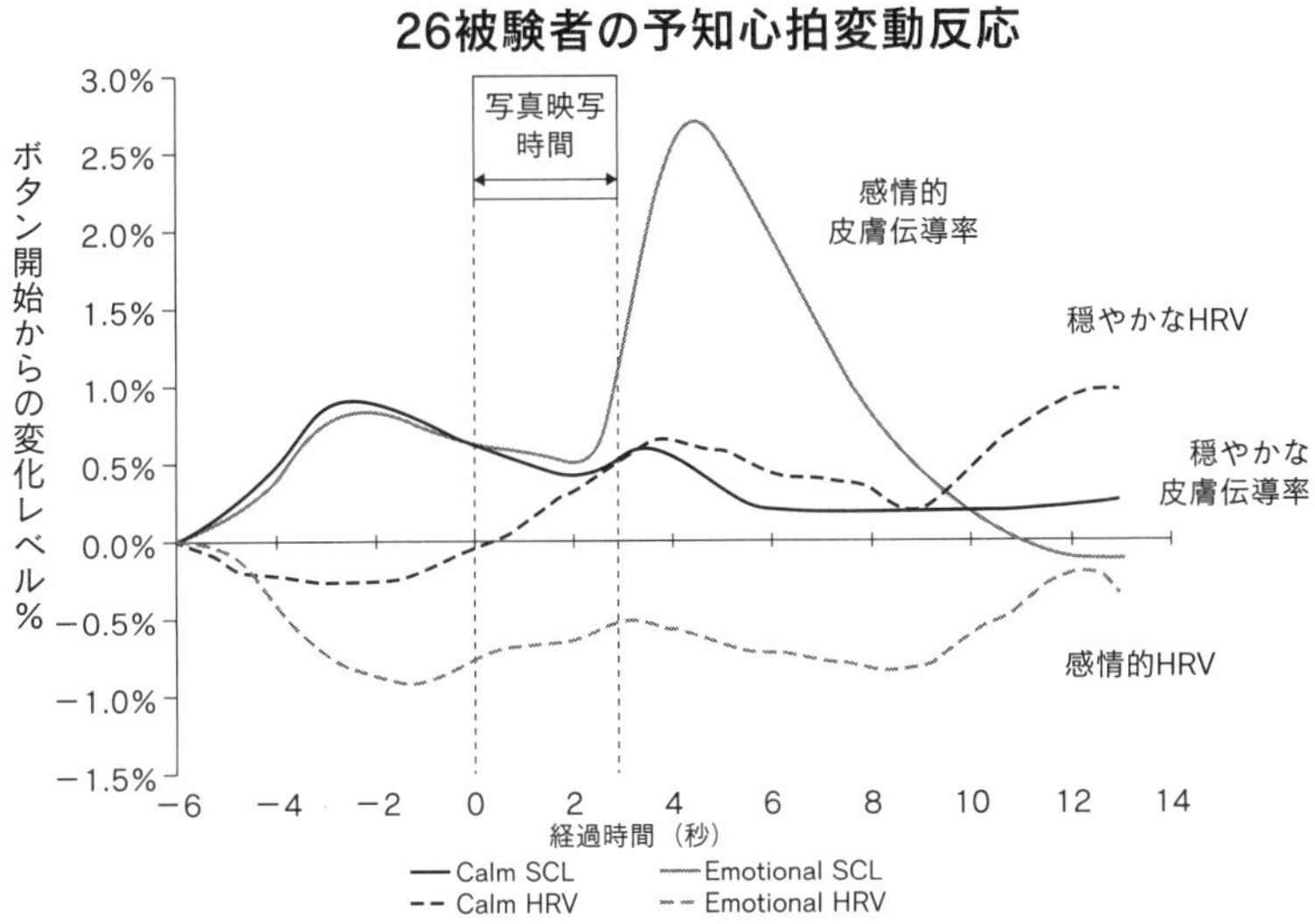

心臓の刺激前反応。グラフは心拍変動と、皮膚伝導レベルの反応のグループ平均を示す。“0”時点は写真が最初に表示された時間で、被験者は感情を引き起こされるか、穏やかになる写真のいずれかを見た。非局在的直観を示す刺激前反応は−6と0秒の間に起きている。未来に穏やかな写真、あるいは感情的な写真以前の刺激前反応期間での際立ったHRV反応の違いは、被験者が実際に写真を見る約4.8秒前に始まることがはっきりと確認できる。驚いたことに、皮膚コンダクタンス（伝導率）の測定では、刺激前の期間に顕著な差は見られなかった。

が当初に行った研究結果を確認した。それから2回目の実験を30名で行ったが、被験者たちはペアになって同じプロセスを同時に行った。これは、非局在的直観の効果が社会的つながりによって〝増幅〟されるかどうかを調べるためだった。その結果、被験者が一人のときの結果よりも、ペアのときのほうがはるかに大きい刺激前効果があることを発見した。この研究論文の著者は「特に心拍リズムの変化によって直観的予知（foreknowledge）を感知できる。この結果が注目に値するのは、それが文化を越えた実証になっているからだ。これに加え、ペアの被験者の結果は非局在的直観信号の増幅という新事実をもたらしている」と述べている。

これらの研究結果は、他のものも加え、多数の研究者による厳密な実験条件検分下で、非局在的直観が一貫して実証されており、揺るぎない証拠を示している。さらに、心臓の活動が非局在的情報の最良の生理学的指標であることも繰り返し示唆されている。時間と空間に関する私たちの通常の考えを越えたところにある情報が、どういうわけか私たちの前に現れたのである。どのようにこの情報にアクセスできるのかをもっとよく理解しようとして、いくつかの科学的理論の構築が試みられているが、非局在的直観にアクセスする方法の具体的なメカニズムを解明できている人はまだいない。

先に述べたように、何世紀にもわたって世界中の多様な文化圏における多くの概念や教えの中に、「心臓は魂や高位の存在（ハイヤーソース）の叡智へのアクセスポイント（接続点）だ」と語られている。前述の非局在的直観の研究は、魂があるとか、普遍的な知性（Intelligence）の源（ソース）があるという証拠を示しているとは言えないが、心臓が時間と空間の限界に縛られない知性の源に実際につながっていることを示すものではある。世界のスピリチュアルな伝統の歴史的な象徴の大半がずっと正しかったことを、今科学が証明しようとしているのかもしれない。

肉体的ハート（心臓）とエネルギー的あるいはスピリチュアルなハートの間にはつながりがあり、それが潜在的プロセスよりもはるかに広範囲で包括的な直観的導きへの接続点（アクセスポイント）をもたらすということが私たちの理論だ。これらの機能は生物学的な活動パターンと明らかな関連性があるが、直接測定したり観察したりすることができない。何人かの著名な科学者が「そのような機能は主に波動エネルギー領域（エネルギーの相互作用）で作用する」と提唱しているが、それは本質的に時間と空間の外にあることになる。

要するに、私たちの研究と個人的な経験は、エネルギー的ハートには肉体的なハート（心臓）とつながるコミュニケーションチャネル（伝達経路）があり、それを通して直観的情報を脳の感情中枢と前頭葉皮質に伝達するという仮説を裏付けている。第10章で、心臓からの信号が私たちの知覚や感情経験をどのように変化させるかについて説明する。

高次の能力（叡智）へとハートの直観的つながりを築く練習をすることで変容が起こる。これによって私たちは高次の情報源にアクセスできるようになり、それがエネルギー的ハートを通して脳と意識（マインド）に流れ、瞬間瞬間の情報を認知することができるようにもなる。これは私たちが実用的直観（practical intuition）と呼んでいるもので、ストレスを生む従来の行動パターンで機械的に反応するのではなく、何かを選択する時点でより意識的で直観的になることで、自分の行動と反応を選べるようになるのだ。私たちはこれを直観の最も重要な機能だと考えている。

実用的直感――自分と他者にハートを開くために

ハートコヒーランス状態になる方法を学んで直観的知性にアクセスすることで、多くのストレスを生むシナリオを避け、日々の課題を難なくスムーズにやり過ごすことができる。毎日数回、ハートコヒーランスを数分実践することで、私たちは知能と感情を最も合理的で効果的な方法に適合させ、人生がもたらすあらゆる状況（困難であろうと通常であろうと、あるいは創造的であろうと）に対応することができるようになる。ハートの直観的導きは「本当の自分」の声だ。

ここに、ハートコヒーランスを実践して直観にアクセスすることで得られる効果のいくつかの例を紹介する。

- より高い成果を得るためのより良い選択をする
- 微妙な状況で自分の進む道を見極める能力を高める

●いつ言い出すべきか、それとも控えるべきかを決める
●特定の状況にどのような態度で臨むかを決断する
●人生に対する態度や性格などを変化させる必要性を察知する
●食と健康ついて、より良い選択をする

直観の導きにアクセスすることはそう簡単なことではない。そう考えている人たちもいるが、多くの人々がつまずくのはそう考えることが理由だ。直観を内面で育むためには、ハートを開き、直観とつながる練習が必要だ。以下は、直観を研究して確立した、ハートコヒーランス状態を生むために使われる簡単な「ハートロックインテクニック」だ。これによって直観的なつながりを築く練習ができる。ハートを開き、他人とより深いハートのつながりを築く練習をし、ハートに耳を傾けることが、より多くの直観を引き寄せる。自分自身への思いやりと許し、そして他者への思いやりや許し、感謝を持つことが直観を引き出す。ハートの直観には、状況全体への気遣いがある。

ハートロックインテクニック

ステップ1：心臓の辺りに意識をフォーカスする。心臓や胸から息をしているようにイメージし、いつもより少しゆっくりと深い呼吸をする。

ステップ2：感謝や気遣い、思いやりといった再生される感情を思い浮かべ、それを保つ。

ステップ3：それらを再生する気持ちを自分自身と他人に送る。

私自身の経験から、直観にアクセスするためには、感情エネルギーをコントロールし、ハートからの促しのサイン（知らせ）にもっと注意を払うのを学ぶことが必要だ。そうしないと、思考と感情がハートの微妙な促しのサインを打ち消してしまうことがよくあるからだ。ハートのフィーリングに同調することを学ぶと、自然な直観とのつながりが育まれ、それが成長する。私がハートの促しのサインに従うことを学んで得られた最大の恩恵の一つは、思考的（メンタル）能力と感情的能力（Emotional faculties）とを、本来の自分と一致させることができるようになったことだ。

第4章

バイブレーション（波動エネルギー）を高めて、より高い潜在能力を引き出す

ドック・チルドリー

毎日、思考や感情（feelings）、気持ち（emotions）といった計り知れない数の振動エネルギー（frequencies）を私たちは心（mind）や脳、心臓を介して処理している。私たちは、誰かが「私たちはコミュニケーションできない。全く違う波長（frequencies）だわ！」とか「兄さんの波動（バイブ／vibrations）は、今日ちょっと低いようだ」とか「その部屋のネガティブなバイブがあまりにも濃くて、つまずきそうだったよ」などと言うのを聞いたことがあるだろう。多くの人々は振動数や波動（バイブ）という言葉は比喩的な表現にすぎないと思っているが、私たちの思考や感情、情動、意図は振動エネルギーであり、信

念や記憶、選択、環境からの刺激など多くのことから影響されることを直観的に気づいている人も多くいる。この章では、気分や態度、行動、体質などの上下の変化を表すために、より高い、あるいは、より低い振動数や波動という言葉を用いている。私たちは高い波動で活動するときもあれば、低い波動で活動するときもある。私たちが暮らしや他の人たちとの相互作用、あるいは自分自身との相互作用への対応に、どのように上手にエネルギーを使うかによって、それは日々、週ごと、月ごとに変わってくる。

私たちの波動エネルギーが高まると、ハート（心臓）のエネルギーが人との交わりの中に流れていく。より力強い振る舞いから、自然に気分が高まってくる。私たちはより優しく、より寛大になり、相手と心からつながれるようになる。ストレスの多い状況にあっても、賢明でより明晰な判断力をもって対応できるようになる。イライラや焦り、怒り、不安に駆られることが少なくなり、自己肯定感が高まり、他人への批判が少なくなる。普段は気にとめない自然や花々、木々に気づくようになる。

波動エネルギーが低いと、自分自身や自分のストーリーにとらわれすぎて、他人への気配りがおろそかになるだけでなく、ジャッジメントや非難、過度の心配、自分自身の不安のために他人との分離を経験することになる。すぐに怒りっぽく、不寛容、イライラといったいろいろな感情が起きてくる。

時には、私たちの気持ちと考え方の急激な振動数の変化によって、同じ身体に二人の人間がいるような感覚になることがある。私たちの行動と反応は、私たちの気質の振動エネルギー（高い、低い、あるいはその中間に揺れる）によって大きく変わってくる。高い波動エネルギーにあれば、高揚した感情と思考が自動的に私たちの身体のシステムを通って流れるので、ポジティブになろうとする必要はない。ハートのエネルギーがより活発になって、他人との真のつながりが増すからだ。波動エネルギーが低いと、ネガティブな考えや感情が勝手にさまよい歩いて、生命力を蝕むことがよくある。私たちが低次の思考を養っているうちに、人生が振り回されるようになるのだ。

良いニュースとしては、予測不可能な振動エネルギーの変調によって、あらゆる事象の犠牲者になることはないということだ。つまり、私たちは選択できるのだ。1日を通して、私たちの態度の波動エネルギーに意識的に介入し、それをリセットしたり高めたりすることで、起きてくる事象のすべてに対して、よりコストパフォーマンス良く対応できるようになることを学べる。そして、ハートの直観的選択につながることで新しい地を開拓できる。

低い波動エネルギーがどのように心身の健康に影響するか

多くの人々は、振り返って1日をチェックすることがなく、深呼吸してリラックスすることがますます困難になってきている。これは私の大きな課題の一つだった。長い間、いつも不安を抱えていた。人生がとりわけうまくいっていると見えるときでさえ、心が平和で、すべて大丈夫とは感じられなかった。常に不安があるのは当たり前で、それが何かの結果をもたらすとは思っていなかった。しかし、これがきっかけで目が覚め、パフォーマンスに不安を抱いて不安定な平和を作り出していたのは、私のエゴから生まれる虚栄心だと気づいた。私はハートのサポートを得て、リセットし、人生の良くないことを疑いながら生きるのではなく、自分の人生の良いところに感謝し始めた。

低いレベルの不安を抱くことが続くと、たとえ無意識にせよ、流動するエネルギーが不足することがある。私たちの多くはこの低い波動エネルギーに何度もとらわれ、その代償を払うことを繰り返している。低い波動エネルギーの中で活動していると、麻痺作用の影響を受け、それが危険な状態であることを感じられなくなってしまう。それを現実だと思い、人生の場面に対応する方法を変えられることを忘れてしまう。不ゆかいな出来事を防ぐことはできないが、それにどう対処するかは私たちの責任だ。しかし、私たちは低いレベルの感情的な習慣にあまりにも順応しているので、自分には責任がないと感じる。このようなたび重なるストレス障害を起こすことは自分の責任であり、老化の促進や健康障害や精神的混乱の原因になる。

経済や生存に関わる重圧や健康問題、仕事上の課題、人間関係といった外的なストレスの要因は思考と感情を低い波動エネルギーに引き込み、ストレスを増大させる典型的な引き金になる要因だ。どうしたら、このようなストレスを増やさずにいられるだろうか？

これらのストレス要因に対処する方法については後述するが、まず、これらのストレスが引き起こす可能性があるものについて見てみよう。

波動エネルギーが下がると、気がそぞろになると同時に人との関係が希薄になる。ミスややり直しが増え、私生活でも仕事上のことでも短絡的な選択をしがちになり、同時に、さまざまな心配を抱えることで不安が増大する。これによって、さまざまな程度のうつ症状やモヤモヤ感、自信喪失につながることにもなる。これは、何百万人もの人々に起こっていることだ。このような経験をすることは悪いことではないが、だからといって波動エネルギーの不足が解消されるわけではない。

気持ちの波動エネルギーを高める方法を知らないと、あらかじめ予測して予防できるはずのストレスが増すパターンに何日も何カ月も閉じ込められてしまい、それが常態化してしまう。このようなパターンにはまると、生活の質が乱れ、古くからある〝恐怖の回し車〟に乗ったハムスターのように走り続けることになる。そしてその回し車がキーキーという音を立てるので他人を責めてしまうのだ。

私たちの思考と感情は、主に健康を調整している生体化学に影響を及ぼす。良くも悪くも、どのように感じているかが鍵である。思考や感情、気持ち、態度は単なる波動振動エネルギーであり、これは自分で変えられるのだと理解すれば、そのエネルギーの欠乏を有意義な意図を持って好転させることができる。そのためには目的に向かってハートに思いを込めればいいのだ。子どものときから大人になるまで、自分にとって大事なことを追求するときには〝心を込めてやりなさい〟と私たちは言われてきた。これは、ハートの決断パワーがあれば、とても無理だと思える状況にあっても不利な条件を覆して勝利を収められることを、私たちは主観的なレベルで、本能的に知っているからだ。今こそ、ハートをオンライン化するときなのだ。

自己変容のためのハートの資質

私たちは脳の数パーセントしか使っていないとよく聞く。しかし、心臓の持っている潜在能力がいかにわずかしか利用されていないかを科学が解明するには、まだまだ時間が掛かるだろう。ハートマス研究所の研究の目的の一つは、これを実証すると同時に、ハート知性の導きによる無限の恩恵にアクセスするより簡単な方法を開発することだ。良いニュースとしては、科学の承認を待つまでもなく、私たちは直観的なハートの導きから無限の恩恵を引き出すことができるということだ。

古くなった不必要な習慣的パターンは、ハートとマインド（思考）が協力して、自分が決めたことをサポートすれば、もっと優雅に変化する。多くの人たちにとって、過去の深い感情的な擦り込みを変えるのは困難だ。それに少しずつ向かい合うことが必要な課題もある。膠着した感情パターンはさびた釘に似ていて、その抵抗を溶解するために溶剤に浸けておくことが必要だ。困難なことや抵抗を潔く受け入れるのを学ぶことで、それが強力な溶剤として作用し、私たちのハートのレジリエンスと直観的洞察がひも解かれ、人生にどのような課題があろうと、より効果的に対応できるようになる。

深刻さ

心が平和でない原因の多くは、課題をより深刻に捉えてしまうことだ。これを知ると、自分の精神的抵抗とより平和に折り合いをつけることができるようになる。例えば、単なる懸念を妄想的な心配事にしてしまうとか、ちょっとした不安を差し迫った恐れに変えてしまうのは、深刻さが増すからだ。取りとめのない深刻さは特に、感情的なささいな課題の範囲を越えて膨れ上がる。過剰な深刻さとドラマは、私たちの課題を克服する能力に対する疑いを生み、それが低レベルの激しい不安感に火をつける。

その一方でハート知性は、低い思考や感情を生むこのような深刻さを意識的に減らし、平和を脅かすこの乗っ取りを止めて本来の活力を取り戻すことを学べるのだ。受容と自己への思いやり（自己憐憫ではない）を持つ練習をすることは、より良い選択のための明確な判断をブロックする感情的な深刻さを減少させる効果を生む。深刻さが減っていくと、最適な選択肢と方向性が明確に見えるようになるので、その代償はすぐに報われる。

私たちは、自分の行動を変えようと一大決心をしたけれど、その後、その変化のプロセスを支える忍耐力や自己受容、自己への思いやりがないために行き詰まってしまうことがよくある。そのようなときこそ最も私たちのためになるハート知性を使うべきなのを忘れてしまうのだ。ほとんどの人はこれで苦労しているが、自己批判することなく、自分自身に心遣い（ケア）と思いやりを持つことを気まずく思う必要はない。単に自分自身にいくらかの余裕を与えていると考えれば良い。自己受容と自己への思いやりは重要だが、それらはストレスの多い課題を管理して軽減するためのスタートにすぎない。本書では、このような複雑な問題に対処し、課題を解決するための効果的なアプローチとツールを紹介する。それでは事項から、ストレスを蓄積させる主な要因を防ぐ鍵となる方法を探ってみよう。

せっかちなエネルギー

慎重に見極めて選択する必要があるときには、急いでせっかちなエネルギーを出すことは好ましい結果をもたらすパワーを鈍らせる。エネルギーを無理やり押し出すと、気楽に体験できなくなり、目的を達成することを中断してしまう。忍耐と気楽さは、コミュニケーションや選択、行動にスムーズな流れを生むために必要なエネルギー環境を創造する。エネルギーを出そうと急ぐのは私たちのマインド（思考）である場合が多いが、ハートはバランスやリズム、流れ（フロー）がスムーズになることのほうを選ぶのだ。これらがお互いに協力すると、目的を果たす状況のニーズを満たすような成果を上げることができる。

ハートのリズムは、私たちの行動のタイミングと感性に関係している。身体的なリズムが、ダンスのステップのぎこちなさを抑えるのに役立つのと同じだ。私は高校生のとき、アイルランドのフォークダンスの込み入ったステップを学ぼうとしてエネルギーを無理に押し出したため、うまく踊ろうとすればするほど教師から注意されたことを覚えている。私はあれこれ言われるほど、さらに無理して頑張って、ますますダメになって、ついにダンスチームの二軍に落とされてしまった。教師は「あなたはあまりにも頑張りすぎて頭でっかちになってステップを学ぼうとしたために、最も大事なリズムがおざなりになった」と説明してくれた。

大人になるにつれ多くの人生経験を通して、人々が流れに逆らってエネルギーを無理に押し出すことで（上流に向かって泳ぐように）つまずくという例を多く見てきた。バランスとリズムと流れを取り入れることで起きるマジックは、人が動いているときのストレスや抵抗を防ぎ、解消することだ。一度内面的なエネルギー収支の重要性を理解してこの方法を習得すると飛躍的な成果をもたらす強みを得られる。

低次の態度の波動エネルギーをシフトする

特定の態度やくせを変えるのは難しい。しかし、ハートの直観的な感情と調和して協力することにマインドが同意すれば、それはより簡単になる。ハートには、エネルギーをそぐ感情的な行動パターンを書き換える能力があることを、たくさんの人々が直観的に気づいている。マインドの知覚とハートの直観的な判断が一致すると、全体像が見られて新しい可能性と解決策が見えてくる。

態度とものの見方は、あらかじめ設定された波動振動のようなものだ。私たちはそれを記憶し、自分の気持ちや波動エネルギーが高いか低いかによって、その時々でそれらを活性化させている。私たちのほとんどは、人との相互関係から生まれる〝流れ〟によりうまくアクセスできるように、明るく元気な態度をいつでも心掛けている。何かの決断を迫られたときに「リラックスしなさい。自由に選べるのだから」とよく人から言われることがある。しかし、私たちが低い波動エネルギーの状態になっていると、最高に効果的な選択と感覚をフィルターに掛けてしまう。すると劣った選択しか目に入らなくなり、同じことを経験してもそこから学ばずに何度も何度も間違いを繰り返してしまう傾向がある。私たちは過ちを何度も繰り返してから、やっと価値ある教訓を手に入れるのだ。同じことを繰り返すのに疲れたとき、ハートとつながることができれば、過ちの責任を取って悪い状況を回避し、学んだことを活かして私たちは前進することができる。この行動はスムーズに流れるときもあるし、そこにシフトする間は動きが多少ギクシャクすることもある。

ネガティブな思考と感情は依存性が高い

時々、ネガティブな思考が取りとめもなく起こってくることがある。しかしそれに深刻さが加わらない限り、そのような思考や感情の多くはすぐ忘れられる。ネガティブな考えを持つことが悪いわけではないが、それが作り出すストレスのヨーヨーにはまることは防ぐべきである。イライラや我慢できないこと、不満といったネガティブな思考には、波動エネルギーとパフォーマンスを低下させるエネルギーの漏れが多くある。例えば、我慢できないといった小さいエネルギー漏れをリセットし、それを忍耐やレジリエンス（回復力）、流れといった高い波動エネルギーに変容させないと、私たちはやがて途方もないエネルギー不足に陥ることがよくある。このような依存性の高い低波動エネルギーを持つ習慣は、精神の流れを阻害し、これはやがて主要な機能系（思考、感情、肉体、神経系など）の障害になる。これは、感情システムでの恒常的な過重負担から起こる一般的な健康障害になる傾向を増大させる。

波動エネルギーが下がってエネルギー漏れによるストレス障害に陥っているときに、私たちが心から望むと、ハートの直観モニターが信号を脳に送り始める。この信号の内容は、それに耳を傾けることではっきりとしてくる。ハートは本来選んでいない自分の古いパターンに引き込まれそうになると警告を発し、健全な決意と態度を取り戻すサポートをしてくれる。

私たちのほとんどはハートのモニターに、ある程度はつながっている。それはしばしば良心と呼ばれる。このつながりによって内面的な導きを受け取るためのドアが徐々に開いていく。何かに必死になっているときに直観にアクセスしようとしても難しいが、冷静になって心を開いているときはアクセスしやすい。

低い波動エネルギーの感情を置き換えるクイックエクササイズ

以下の短くシンプルなエクササイズは、低い波動エネルギーの感情を置き換えるのに役立つだろう。これは、あとの章に出てくる「オーバーケアのエクササイズ」と似ている。

①あなたが悲しみや不安や人との断絶感、低い波動の感情と態度を置き換え、もっと気持ち良くなりたいと思うときを選ぶ。

②数分間静かに呼吸できる場所を選び、呼吸するたびに、マインド（思考）と感情と身体が内面で静かになるように想像する。

③その静けさから、「持っていたい」と思うもの、あるいは以前もっと安心していられたときの感情と態度を想像する。呼吸をしながら、この新しい感覚を自分の中に吹き込んでいくことを想像する。

④最後のステップは、この感情と態度がしっかりと落ち着くように数分間呼吸する。うまくいかないようだったら、あとで①~④を繰り返す。私たちが最高にためになるようなことをあまりにも早くあきらめてしまうことがよくあることだが、あるのだ。

少し練習するだけで、レジリエンスや気分の良さを低下させる多くの不要な感情、情動、態度を変えるインスピレーションやハートのパワーが増してくることに自分自身で驚くだろう。そして、感謝や優しさ、思いやりなど、気持ちを高揚させる感情を抱いているときに、このエクササイズを行うと、これらの感情がより頻繁に起きてくるように定着させることができる。

小さな子どもが想像力を駆使して、怒りや不満から高揚感や幸福感へと気持ちを素早く変化させることがよくあるのを思い出すこともとても役に立つ。私たちは大人になってもこの能力を持っているが、手垢のついたマインド指向のプログラムをたくさんため込んできてしまったために、子どもの頃に持っていたハートへの直のつながりと感情のレジリエンスが衰えてしまっている。大人になってからは、このハートのエネルギーとの直接的なつながりを再び呼び起こすために、決意して練習し、それを人との付き合いの中に活かしていく必要がある。そうすることで、よりバランスの取れた決断ができ、最善の結果への道筋が見えてくる。

ちょっとした不要な感情を良い感情へシフトする練習をするうちに、やがて、自分がより強い不必要な感情や習慣、および考え方を入れ替えていることに気づくだろう。この練習によってハートの隠されたパワーへの扉を開くことができるようになるが、時にはハンドルを数回揺らして、抵抗を緩める必要がある。

波動エネルギーのレベルを上げるヒント

感謝や親切、思いやり、忍耐、フローといったハートの感情と1日のうちに何度もつながることが、波動エネルギーを高く保ち、繰り返される多くのエネルギー漏れを防ぐ。このようなハートの資質は私たちの健康と幸福全体の促進に役立つ。

私たちの波動エネルギーを高めるもう一つの効果的な方法は、慣れてしまったり、あるいは無意識に当たり前になってしまったりしているつながりと友情に、2～3日掛けて感謝することだ。順応はなかなか気づかないうちに、私たちの関係にこっそり忍び込んでくる。やがてそれはつながりの中にある温もりや活力をそっと減少させてしまう。思いやりある関係を順応によってしぼませてしまわないように、しっかりとハートに意識させる必要がある。感謝と価値の承認を暮らしの中に取り入れることで、マイナス感情への順応性が減少し、私たちのつながりが生き生きとよみがえってくるようになる。感謝と優しさの二つは、人生にもたらされる愛の最も魅力的な表現だ。

私たちの本来の自我が持つ高い波動エネルギーは、他者との付き合いに調和をもたらすハートの核の波動エネルギーである優しさや尊敬といった感情を自然に生む。ハートがつながりとコミュニケーションに関わっていれば、感謝や思いやりといったハートの感情は自然に私たちからほとばしる。人類は、本来のつながりが持つポジティブな再生力を生み、うわべだけの関係性しか生まない種火のようなケア（わずかなハートの温もり）を超えて進化している。

普通、私たちは、家族やペット、友人に対しては、より温かいハートで接する。スピリチュアルに成熟してくると、ハートの温かみが増して、より多くの人たちを包み込むようになると同時に、自然を敬う心が増す。そして、何か重要な変化の一部になりたいと願うようになる。それは人類全体に貢献するようなことだ。そこから、愛が「境界線のない無条件の愛」に成熟していく。このような高い波動エネルギーの状態にあると、喜びや充足感をもたらすハートの直観的導きと直につながりやすくなり、他の人にも同じようにサポートできるようになる。

ハートの核となる資質を養う実践をすることの効果については、多くの本や記事に書かれている。これらの主要な資質は個人的な波動エネルギーを高めるだけでなく、環境の波動エネルギーも高めうる。ハートの変容をもたらす自然の資質を再生するたびに、私たちのスピリチュアルは豊かになる。この実践を訓練だと思わずに、良い結果が得られる自分用の高級健康スパのフリーパスだと思ってほしい。

祈りとメディテーションの有効成分

ハートにつながった祈りやメディテーションの主な主観的価値の一つは、温かみと確信の感覚をよく残してくれることだ。ますます多くの人々がハートとのより深いつながりを求めるようになってきている。それは、その人の宗教やスピリチュアルな道、あるいは基本的な信仰システムを否定したり、それと競合したりすることがないからだ。むしろ、それを強化する。

あなた自身の気持ちに真摯《しんし》に向き合い、ハートでつながっていることが、祈りやメディテーションなどの効果を上げる。心からの感謝とうわべだけの感謝が明らかに違うことを私たちは皆知っている。ハートから出た感謝でなければ、本物ではないからだ。それは、ウィンドウショッピングの客に〝店のマネキン〟がお礼を言うのと変わらない。例えば、食前の祈りの際、心から祈るのと、覚えている祈りをただ機械的に繰り返すのとは全く違う。祈りとメディテーションが他のことに気に取られて分裂した状態で行われると、波動エネルギーは上がらず、焦点の定まらない思考でいっぱいになり、無駄に時を過ごすことになる。

内なる静けさ

多くのスピリチュアルな文化に一致していることは、内面的な静けさが愛の変容パワーを解き放ち、意識の進化を支えるエネルギー的環境をもたらすことだ。そのために、ハートマスシステムは開発当初から、コヒーランステクノロジーが静けさと、その本来の内なる叡智へのつながりに、より簡単にアクセスできるようにデザインされてきた。内面的な静けさは、より深い傾聴のための実用的な資産であると考えてほしい。私たちは子どもや他の人に、「大事なことを言うから、心を静かにして耳を傾けなさい」とこれまで何度言っていることだろう。これは、聞き取る能力の質と高さに、内なる静けさが関わっていることを人間が本能的に知っているからだ。さあ、最も効果のある方法でその能力を使うには、ハートの直観的導きからのアドバイスや知恵がよく聞こえるように、思考と感情の雑音を静かにさせるのだ。

マインド（思考）が静まると、内なる静けさにたどり着く。そこから、私たちは人生経験をリセットし、アップグレードすることができる。私たちは時折、「もっと先見の明があったら、別の方法でその状況に対処していただろう」と思いがちだ。しかし静けさは、私たちの先見性と見極める力を高めるための主要な源泉（ソース）だ。内な静けさのあるところは、マインドが脇道にそれることなくハートが話せる場所だ。〝静かにして、知る〟ためには、まず、耳を傾けるのに十分な静けさが必要なのだ。

内なる静けさに辿り着く練習をする時間を設けて、私たちのハートやマインド、感情を、競い合うことから解放し、リラックスできる時間を過ごすことは、非常に効果的なことだ。静けさは、私たちの決め込んだ精神的・感情的な交通渋滞を和らげ、ハートの声を聞くことができるようにする。心のドアを開けたままにしておくと、マインドは空いているスペースを占領しようとするので、そうならないようにする練習が必要だ。内なる静けさを微調整することで、自分専用のエレベーターに乗ったように最高の景色を見ることができ、果てしない階段を上るような疲れが解消される。内なる静けさを持つのを実践することは、時代の流れや宗教的な動機ではなく、より良い生き方を見極めるセンスを養う方法として、人類にとって最も前向きな方向転換の一歩になると私は感じている。私がハートの知的な導きとのつながりを深めるのに重要だと知った、この内なる静けさを持つ練習を試してみてはどうだろう。

内なる静けさのエクササイズ

ステップ1：静かに呼吸をしながら、呼吸があなたのメンタル（精神）と、感情の波動エネルギーを穏やかにさせることを想像してみてください。マインドが邪魔しても気にせずに、そこにとどまります。これは、忍耐と練習で上達します。

この静けさのエクササイズから効果を得るために、マインドを完全に止める必要はありません。思考を減らして心を落ち着かせるだけでも、ハートの感情や助言を感じ取る能力が向上します。短時間で、マインドを静める力を高めることができます。

ステップ2：自分のエネルギーが落ち着くのを感じたら、あなたが大切にしている何か、あるいは誰かに対して、純粋に愛を送ってください。これで、あなたのハートのエネルギーとつながります。

ステップ3：穏やかな状態を保ちながら、あなたが経験している人生の課題について、導きや解決策、より深い理解を求めて、ハートに問いかけます。

ステップ4：あなたがタイムアウトしている平和な場所としての「静けさ」を想像してください。思考が湧いてきても、それに抵抗してはいけません。静寂の中で愛と平和を思って呼吸することに、さりげなく集中し直してください。静けさの中でハートの知的な導きに耳を傾ける能力を高めると、より良い選択が明白になります。

注意：直観に耳を傾けるとき、Siri や Alexa のような、答えを外部からダウンロードしてくれる助けを期待しないでください。特に複雑な問題に対しての直観的な感覚の答えは、あとから得られることが多いのです。それは誰かの言葉や読んでいる本から得られたり、シャワーを浴びているときや車を運転しているときに得られたりすることが多いです。

では、内なる静けさのエクササイズやメディテーション、祈りから得られる恩恵を、どうすれば日々の活動に取り入れることができるのだろうか？　気楽さの状態から行動することは、静けさのエッセンスを日々の他人とのやりとりに取り入れるための自然な練習になる。私たちは、一日のうちに何度か気楽な気持ちで呼吸することで、この方法を身につけることができる。気楽な気持ちで呼吸することで、内なる静けさの練習からの効果を、普段の交流や活動の中に持ち込むことができるようになる。

マインドの焦りが、直観的に選択する感覚を打ち消してしまう場合がある。しかし、内なる気楽さのある場所から方向性を見定めれば、それを防ぐことができるのだ。内なる気楽さのある場所から行動することは、個人のエネルギー管理という経済活動におけるハート知性のスキルだ。内なる気楽さのある状態は、多くの意思決定の過ちに対する後悔を軽減し、私たちの活動にフローという魔法を取り入れる。フローは私たちが自分の意図を実現するための最短の道筋だ。気楽さのある状態で行動することについては、次の章で詳しく説明する。

直観的なつながり

ハートの直観（内なる導き）とつながることで、人生の決断と方向性を決定する能力を高めることができる。スピリチュアルなハートは、私たちの本質と潜在的能力の中で最も有益なものでありながら、あまり使われていない部分だ。マインドがハートと一致していないと、意思決定において、低い波動エネルギーの選択肢を優先してしまう。関係する全員のために最高である結果をサポートできなくなるのだ。このパターンは、エネルギー不足を蓄積しつつ私たちの身体的・感情的なシステムにフィードバックされる。すると、波動エネルギーが低下し、私たちは何かをターゲットにした非難をし始めるのだ。

直観的なつながりを促進する有効な方法は、私たちが「すべてについてあまりに早く知ってしまう姿勢」を和らげることだ。自己認識が高まるにつれて私は、自分が欲しいものについて「絶対手に入れたい」という気持ちと、「落ち着いて考えよう」という気持ちが競り合わないよう、直観をブロックするのが巧みであることに気づいた。それから私は人類のほとんどが直観をブロックすることが上手なこと、そしてそれが、ハートの直観が最も知的で個人的な指導システムとして主流な方法にならなかった最大の理由の一つであることに気づいた。面白いことに、人はしばしばハートの直観的感覚を拒絶してエゴによる選択に走り、その後、直観的な導きを身につけることを期待して瞑想クラスを受講する。私たちの多くが、そのような経験をしたことがあるのではないだろうか。

私たちの直観的なハートは、より望ましい結果をもたらす選択肢を予知し、私たちのマインドと感情に、より良く人生の状況を乗り越えるための選択肢を提供することができる。静けさの中でハートに深く耳を傾けることで、本当の自分（魂やハイヤーセルフ、ソースなど、あなたの文化的でスピリチュアルな信念や経験に基づいたもの）から知恵と方向性へのエネルギーにあふれたつながりが生まれる。この能力に正しい名前をつけることへのこだわりは、スピリチュアルに前進するプロセスにおいて、それほど重要ではない。私は便宜上、それらをひとまとめにして、〝自分の大きな、あるいはより高い潜在能力〟と呼ぶことにしている。例えば、暮らしの中に何か抵抗するものが出てきたら、ハートの中で静止して大いなる自己とつながることで、効果的な示唆を得ることができる。

過去に私は、内なる導きやより深い見極める力、地に足の着いた選択よりも、直観にアクセスする魔法（マジック）や、未来や宝くじの当選番号が見えるサイキック能力など、うわべだけの面をひたすら求めたことがあった。直観とその潜在的可能性に魅了されていた当初は、エゴを満足させるようなものを望むのは自然のことだった。その後、健康問題によるストレスの影響で、人類に貢献する方法を知るために日々の選択や洞察を考えて、直観をより探求するようになった。もし何かを優先すれば、余分なものは充足のための付加物として現れてくるが、私たちの充足を決定する原動力にはならない。

とはいえ、メガミリオンドラーの宝くじが当たって、そのまま近所の〝1ドルショップ〟に直行して、値札を見ることもなく、思いっきり買い物をするのは楽しいかもしれない（ユーモア！）。

私たちは、自分たちが質素であることを証明する必要はないし、個人的な豊かさの中に高級品が含まれていることを申し訳なく思う必要もない。多くの人々はこのことを概念的にはわかってはいるが、一部の人は、感情がまだ罪悪感の影に囚われている……楽しみを制限された状態で豊かさを体験しているのだ。もしあなたがこのような経験をしているのなら、制限をなくし、喜びを罰するのをやめるべきだ。

内なる尊厳

見せかけではない真の尊厳は、誠実さの響き（トーン）が弱まり始めたときに、内なる落ち着きを保つ助けをしてくれる強力なハートの波動エネルギーだ。私たちは時に、変化の重圧によって疲れ果て、不安を感じることがある。このようなときこそ、自分の尊厳を取り戻し、自己を思いやることを実践して、レジリエンスを補う絶好のチャンスなのだ。特に、人生の選択を迫られたとき、品格と冷静さの波動エネルギーを保てば、絶え間ない不安（老化の進展など）を防いだり減らしたりすることができる。

私たちの内なる尊厳は、自分の力を発揮する行動をもたらす主要な動機の一つである。この尊厳は、私たちを新しい可能性の領域へと引き上げるので、物事が変化し始め、人生により安定性が生み出される。望ましくないパターンは消え去り、新しいパターンが新しい生き方として現れてくる。私たちの尊厳は、優れた人格の基礎となるベースラインだ。特に自分の意欲が乏しいときに、私たちが引き出せる余力の源なのだ。ここで、自分の内なる尊厳とつながるためのエクササイズを紹介する。

内なる尊厳のエクササイズ

1. 心臓の辺りに意識を集中します。呼吸が心臓や胸のあたりから出入りしていることを想像し、いつもより少しゆっくり、深く呼吸します。心地良い楽な呼吸のリズムを見つけましょう。

2. 呼吸に合わせて、内なる尊厳や内面の強さ、冷静さを意識的に高めていくことをイメージします。これを感じながら、数分間行ってください。こうすることで、日々のやり取りの中で、より高い理念を維持するための力が高まります。

3. 自分の内なる尊厳を高めることで、自分にとって最良の選択（たとえそれが必ずしも魅力的ではない選択であったとしても）を探究してください。尊厳は、私たちをより高い理念に一致させておく力を与えてくれます。この力は、使うことで強化されます。

私たちは、人生で身につけたうわべだけのまやかしの行動に関係なく、本質のレベルでは思いやりのある存在なのだ。地球に起きているハートの集合的気づきは、私たちが仮装を解き、ありのままの姿をより見せるように促している。

本当の自分

本当の自分とは、私たちの中にある達成可能な波動エネルギーを表し、そこには私たちのハートの知恵と知性が含まれている。この高い波動エネルギーの中で、私たちは他の人のハートやすべての生命体と調和的につながっている。私たちは、他人や問題、結果への過剰な執着によって弱められることのない無条件の愛と思いやりに自然にあふれているのだ。私たちのスピリチュアルな進化は、完璧であろうとすることによって促進されるものではない。むしろ逆に欠点を受け入れることで、本当の自分になることに向かって飛躍するのだ。自分自身を含めた人々と心からつながり、他人を批判せず、愛を受け入れることによって私たちの精神の波動エネルギーを高めると、さらに本当の自分になることができる。

本当の自分の高い波動エネルギーの中で継続的に活動することは、一朝一夕に期待できるものではない。それは、真摯な心からの決意の速度によって展開されるプロセスだ。私たちが振り返って自分の進歩の遅さを嘆いて気力を浪費しなければ良い話だ。進歩を過剰に分析することには、進歩のプロセスを中断してしまうリスクがある。特に、エゴを膨らませるために分析する場合はそうなってしまう。

今、私たちの多くは、普段はロープを張っているような入れなくしている領域に踏み込んで、人生をリセットして、ハートで人生をリードし、愛を優先することで、新たなスタートを切りたいと願っている。他人とよそよそしい距離をキープしてしまうときもあるが、それは私たちの本当の姿ではない。

人類は、「一体」という感覚の創造的なパワーを放ち、分離とつながりの違いを感じるのはハートの波動エネルギーによることを理解する意識状態へと移行しつつある。ハートでつながった人との交流が増えれば、集合意識の波動エネルギーが徐々に高まっていく。そうなることで、すべてを包み込む無条件の愛と思いやりが、生活の次に大切にすべきものであることに気づくための環境が整う。何百万という人々が、そして人類全体がそれを選択するずっと前に、私たちはすでにこの新しい意識の恩恵を受けているのだ。個人の選択とそのタイミングは、非難や軽蔑を受けずに容認されなければならない。私たちの多くが本当の自分として行動すれば、私たちの集合的な思いやりが本来のパワーを自然と発揮する。そうすれば、他の人たちも、ハートの隠されたパワーに宿る潜在能力を高め、それを抑圧する限定的な信念から自らを解放できるようになるだろう。グローバルなハートの扉は開きつつあり、愛がますます街中にあふれるようになることを私は予感している。

第5章

気楽さを持って進む

ドック・チルドリー

〝気楽さ（ease）〟とは、さまざまな人生経験のエネルギーとリズムをよりスムーズに通過するのを手助けする、内なる状態である。内なる気楽さの状態で活動すると、ハートの直観的な導きとの感覚的なつながりが強まり、あらゆる状況に対応できる実用的な解決策や効果的な選択肢がもたらされるようになる。

多くの人々が気楽さの価値をなんとなくは理解しているが私たちは特により深い見識と賢明な選択が必要なときに、それを実際に実践する知恵を、急ぐ心（マインド）と感情に押し流されてしまいがちだ。人生のスピードが加速するにつれ、プレッシャーのかかる責任がもたらす過度の緊張により、決断を迫られることがマインド（思い）と感情を極めて過敏にさせている。〝今〟と呼ばれる時間も加速しているようだ……。かってはたっぷりあった「一瞬」が、どんどんなくなってきているように思う。

気楽さの状態から行動する練習をすると、マインドと感情の振動速度が遅くなり、ハートの直観的な感覚が選択肢と行動に反映されるようになる。多くの場合、マインドと気持ちのスピードの強引さが、より効果的な結果をもたらすハートのサインをかき消してしまう。一方で内なる気楽さの状態は、私たちの思考をクリアにするのだ。

ハートマス研究所のいくつかの研究により、気楽さを実践することの効果が確認されている。これらの研究では、楽に呼吸をすることは、参加者のマインドと感情の波動エネルギーを緩やかにし、より高い理性を持って選択するうえでハートの直観的な感覚が極めて重要な役割を果たしていることがわかった。

ここでは、人々が日常生活の中ですでに自然に使っている気楽さを持つ方法と、望ましい結果を得るための高度な気楽さを持つ方法について、もう少し深く考えてみたい。この結果、この常識的な実践の利点と効果を理解し、尊重することができるようになる。

気楽さを持って動くということは、静けさを持つ側面を含んでいる。それは、瞑想で持つことを達成しようとする静けさではなく、能動的な静けさだ。人は会話の中でマインドや感情の波動エネルギーを和らげると、より賢く、より深く聞き、より理解力が増し、「聞いてもらえた」と感じる。聞くということは、今ではめったにないもてなしだ。おかしいのは、相手にそのような態度で聞いてもらうと、気楽さの利点や知性を感じることができるのに、私たちは、お互いに気楽に接しようとは思わないことだ。

ここで大事なことは、気楽さ（ease）には、気楽さのほかに、容易さ、緩和という意味もあるが、うきうきした状態や寝ぼけた状態ではないということだ。気楽さという言葉には、蝶《ちょう》がバレエの練習をしているような、そんな柔らかい響きがあるが、そのパワーや効果をあなどってはいけない。

高度に訓練されたスポーツ選手は、マインドや感情を落ち着いた（ease）状態に保ちながらレースを走ることができる。特にオリンピック選手は、マインドと感情が落ち着き、コントロールされた状態であれば、ハートとマインドと感情の間の共鳴が可能となり、目標を達成するパワーが強化されることを知っている。その結果、より高いスコアと成果を得ることができる。また、気楽さの状態にあると、失望や挫折が起こったときに、感情の立ち直りが早くなることも重要なポイントだ。

海軍SEALS特殊部隊を含むあらゆる特殊部隊は、内なる気楽さの状態を維持するために、個人のコヒーランスを高めるハートマスコヒーランステクノロジーを活用している。この練習は、緊急の状況や選択を見極める注意力と直観的な洞察を行う感受性を高める。

人は時に、〝気持ちを楽にして、フロー（流れ）を見よう〟とお互いに言う。流れを見つけるための高度な練習は、特に流れのない状況で流れを作り出すことを学べるのだ。私たちは、それを行うためのパワーをハートに持っている。ベテランのサーファーがフローを体験するとき、それは完璧な波があるかどうかに左右されるものではない。フローとは、特に、波が高くても、天候が乱れていても、いかに優雅にその状況に適応していくかということだ。ベテランの人は内なるバランスを保ちながら、それぞれの状況に応じて、自分なりのリズムと流れを作り出している。

私たちは皆、人生に課題や矛盾を抱えながら、その解決の可能性を探して常にサーフィンしている。その状況をどのように受け入れるかによって、私たちのフローと適応能力の度合いが決まる。内なる気楽さは、私たちのハートやマインド、感情のバランスと協調性（コヒーランス）を調整するのを助けることによって、フローを生み出す。

人々は毎日、お互いに「ただ呼吸しなさい」と言う。ただし、私たちが言っていることの真意は、そのとおりに呼吸しつつ、呼吸に意図的に穏やかさと気楽さの態度を加えることなのだ。呼吸に意識を向けながら、何気なく穏やかさと気楽さのある態度で呼吸することを想像するのだ。

一方で、本当に気楽な状態かどうかを感じ取れるようになることが重要だ。一日を通して、楽な呼吸をすることを忘れないようにすれば、そのパターンを細胞に記憶させ、かつ定着させることができ、この呼吸が自然に身につくようになるだろう。この呼吸がきちんとできていれば、すぐにその効果を実感できるはずだ。

次に、気楽に呼吸するべきときの例を紹介する。

●不安を防ぎたい、または軽減したいとき。
●ドラマのような状況に巻き込まれたとき（気楽に呼吸することで、その状況から離れることができない場合でも、そのドラマに〝参入〟せずに、そのドラマの中にただ〝いる〟という練習ができることを思い出すようにする）。
●圧倒されるのを避け、エネルギー的に落ち着きたいとき。
●会議の前や会議中（気楽な姿勢で呼吸することで、より深く傾聴し、より良い理解が得られ、そして感情的な落ち着きを保つための内部環境を整えることができる。さらに、冷静さが失われた場合や、特に激しい論争に巻き込まれた場合にも、気楽に呼吸をすることで、より早くバランスを取り戻すことができる）。

- やっかいなメールに返信する前に、ゆったりとした呼吸をして、マインドと感情を落ち着かせたいとき（ダメージコントロールに費やすエネルギーやダウンタイムはもちろん、感情の混乱を防げることがよくある）。
- 忍耐力と回復力（レジリエンス）が必要なとき（私たちが焦っているときには、たいがい気楽さが欠けている。楽に呼吸することで、焦りを和らげる寛容さが生まれる）。
- 重要な問題や選択を見極めているとき（直観的な洞察が得られるように、精神的・感情的な渋滞を緩和させる）。
- 創造力を発揮したいとき（気楽さが直観的な方向性を引き寄せるか、あるいは解き放つため）。
- 睡眠に問題がある場合の、眠る前。
- 人生の難題が解決策が見つかるよりも早くやってきたとき。

ひと呼吸ごとに、内なる気楽さの感覚をシンプルに引き寄せて、精神と感情のエネルギーを調律する。プロジェクトや課題、日々の活動に取り組む際、さりげない気楽さの感覚を定着させるために意味のある意図を、設定する。

一時停止のパワー

私たちは「もっとうまく処理できたはずなのに」という状況に際して、どれほど余分なストレスを蓄積していたことかと振り返り、その疲労状態に愕然とするだろう……。

私たちは皆、いったん立ち止まって考え、そして明晰さと落ち着きを取り戻し、次の瞬間に何が賢明な対応となるかを調整しようとするのだ。しかし、一時停止することの重要性を知っていても、時間的なプレッシャーやフラストレーションによって、「始める前に、いったん停止してみよう」という直観からの促しが妨げられると、ストレス過多になってしまうことがある。送らなければ良かったEメールなどが良い例だが、他にもいろいろある。しかし、一時停止するパワーを身につければ、特に変化や不確実な問題がある状況でも、ストレスによる最大のダメージを防ぐことができる。

また、高い電磁波や太陽光線が活発に出ている時期、あるいは惑星が変化する時期には、内なる気楽さと一時停止を実践することで、多くのエネルギーや不安、ダウンタイムを節約することができる。これらが環境に与える影響は、しばしば興奮を増大させる引き金になり、私たちの精神的・感情的な行動パターンに予想外の影響（記憶の欠如や脳霧、不安、恐怖、むかつき、異常なところの痛み、不眠、高揚、落ち込みなど多数）を与えることがある。このような症状が現れたら、楽な呼吸をし、コミュニケーションや決断を見極め、状況をチェックするためにしっかり一時停止することが有効だ。人生に一区切り置き、気楽な状態から自分の次の歩みを見極める練習をするのだ。

私たちの多くは、一時停止して内なる気楽さにアクセスする方法を知ることが必要なのではない。まずは、そうすることを思い出すことが必要なのだ。特にそうすることが最も大事なときにそうすれば、機械的な〝いつもの自分〟からではなく、〝本当の自分〟として行動し、対応するチャンスを得ることができる。気楽さは、ハート知性と高い波動エネルギーからの贈り物なのだ。

第6章

本当の自分になり、そして目的を見つける

ドック・チルドリー

多くの人々が、特定の信条とは無関係に、気遣い（ケア）や思いやりなどの愛の表現を増やしたいと思っている。ソース（源）やハイヤーセルフ、魂などに関する信条や理論は数え切れないほどある。もしそのような言葉があなたの認識や信条と共鳴しないのであれば、それらを無視しても構わない。なぜなら、それはあなたが本当の自分になるための道を歩むことの妨げになるからだ。あなた自身のスピリットだけが、本当の自分についての理解を深め、完璧なタイミングでより高い潜在能力を開花させる道を示してくれるだろう。特にスピリチュアリティやコンシャスネス（意識）、内宇宙、外宇宙などを探求する新しい情報が氾濫している今日では、個人が自分のハートの声をますます頼りにすることが重

要になっている。私たちの意識が拡大するにつれ、自分の認識や信条が洗練されていくことは、誰にでも予想できる。それが自然であり、進歩の一部なのだ。

私にとって、世界的なストレスの流れを変えるために最も重要なことは、お互いに気遣いや思いやり、協力し合う機会を増やすことだ。私たちが心を開き、愛と思いやりを持って互いに支え合えば、スピリチュアルな道を前進することができると感じている。他者への愛と配慮を高め、ハートの直観的な感覚から日々のガイダンス（導き）を見極めることで、私は「自分が何者であるか」という問いに真の感覚で触れることができるようになった。もし、途中で間違いを犯したとしても、私は心を込めて修正することを決心している。

ハートからの導きによって生きることとは、私たちのハートやマインド、脳、そして感情の間に共鳴を生み出す。これらの強力なエネルギーが連携せず、共鳴もせず、その反対の欲望や意図を持っている場合、私たちのストレスはたくさん蓄積される。これらのエネルギー分裂は、非コヒーランス状態を引き起こし、私たちの喜びや安寧、そしてハートの直観へのアクセスをもたらすスピリットとハートのエネルギーを抑圧してしまう。ハートのエネルギーが低下すると、他者への配慮やつながりが希薄になり、自分自身の中も散漫になる。幸せを追求する行動は、しばしば中途半端なものになり、常に邪魔されやすくなる。一日のうち数回、自分のマインドと感情をハートに合わせることで、この状況を変えることができる。ハートコヒーランスの練習は、特に個人的または世界的なストレスのあるときに、直観的なつながりや回復力（レジリエンス）、感情のバランスを高めるために重要だ。私たちのスピリットはよりコヒーランスになる助けをしてくれる。このときの周波数と波動エネルギーは、調和や、より良い選択、充実感を生み出すのに最適なものだからだ。ハートやマインド、感情のコヒーランスは、ホールネスヒーリング（全体の癒し）のベースラインにもなっている。

昔から、私たちのハートの中には質問への答えがあり、充実した人生を送るための導きや指針があると言われてきた。このことは、近い将来、多くの人に受け入れられ、ますます実証されていくと思う。本当の自分に対する好奇心が高まり、ハートの感情や提案に深く耳を傾ける人が増えている。

私の認識では、人類の総合的な目的は意識の波動エネルギーを高め、ハートの知的な導きとつながることだ。ハートの叡智は、そこから無条件の愛や癒し、そして知的な方向性を私たちにもたらしてくれる。これによって、平和で、豊かに繁栄する地球を創造する調和のとれた基盤を支えるエネルギーの場が生み出される。

私たちの多くは、自分の内なる声を聞き分けるときに、その不確かさに戸惑ったことがあるだろう。時折、自分の祈りや瞑想が、大事な人のところに届いているだろうかと思うことさえあるかもしれない。

しかし、祈りや瞑想で、スピリチュアルなハートの潜在的可能性を探っていくと、しだいに、「ハートの導き」と「マインドの迷い」との違いを見分けられるようになる。

ハートの方向性と選択を見分けることとは、より高い波動エネルギーの感情への感覚が高まるにつれて洗練されていくが、それは真の純粋な取り組みによってもたらされる。人生のチャンスへのチャレンジを通して、ハートの声を本当の自分の本質的な部分として、気軽に（まるでヘリコプターからその道を眺めるかのように）想像してみてほしい。ハイヤーガイダンス（高次の導き）とつながりたいという純粋な気持ちを持つことで、その助けを引き出すことができる。それでも私たちは選択をしなければならないが、静けさの中でハートの知的なガイダンスに耳を傾ける能力を高めると、より高次の選択肢が明白になる。私たちのハートは、本当の自分から、より高い波動エネルギーの選択肢を降ろしてきて、私たちを最高の目的が達成できる方向へ促してくれる。自分が高次の促しや導きを受けるにふさわしくないとは思わないでほしい。あなたが最高の状態になることは、本当のあなたの高次の側面と一体になることを伴うのだ。

ハートの導きに従うと、私たちは皆、エネルギー的につながっていることに気づき、人類全体をより包括的に理解できるようになる。互いへの配慮を深めることで、真の自己の助けに容易にアクセスできるようになる。私たちの真の存在は、無数の階段の上にある城の中に鎮座しているわけではない。私たちの多くは、すでにその階段を登ってきている。そして今、重い荷物を運ぶのをやめて、より高い潜在能力へ真っすぐ進む道を見つけるときが来たのだ。高次の能力とのつながりを深めるための簡単な方法の一つが、ハートの空間の静けさの中で静かに呼吸することを学び、本当の自分ともっとつながることなのだ。

私の場合は、こんなやり方を行っている。数分間、静かに座り、意識して呼吸する。息を吸うときに、自分の存在全体を通して、神聖な愛を吹き込むことを想像する。息を吐き出すときに、感謝の気持ちを送り出す。こうすることで、私の精神の波動エネルギーが高まり、私のハートやマインド、感情がコヒーランスな調和を保って静かな状態になる。この共鳴が、真の自己からの思いやりとエネルギーの流れを導くので、日々の人間関係の中でより簡単に統合されるようになる。

もしあなたがこの方法を試してみようと思ったら、そのプロセスの感触をつかめるまで辛抱強く待ってほしい。忍耐を持たなければ、あなたのマインドはあまりにも早く多くを期待する傾向があるので、あなたはおそらく失望してあきらめてしまうだろう。

真の自己は、直観を通して、最も高いニーズに基づいて、私たちを助けるための最も効果的な方法を示す。それは（しばしばそうであるが）必ずしも私たちの個性が要求するものではない。

現在、私たちは、自己と他者に関する思考と感情によって、未来の青写真を描いている。私たちが真の自己と徐々に融合していくにつれて、より充実した人生と平和が引き寄せられるようになる。そして私たちは、自分の潜在能力を最大限に発揮することができるようになる。私たちは他の人たちのために尽くし、小さなサークルを超えて、より大きな全体を含むように愛を拡大させる。人々はすでにこのことを経験している。特に若い世代の多くはそうだ。彼らは彼らなりの課題を抱えているが、生まれ持った能力や才能、より高い潜在能力から受けた恩恵を通して愛を拡大させているように見える。近い将来、彼らの多面的な能力を表現するために、才能という言葉よりも大きな意味の言葉が必要になるだろう。私たちは皆、ハートから行動することで、全体に対して特別な貢献をしているのだ。

ニュースで何を見ようとも、また予期せぬ地球規模の変化に直面しようとも、より多くの人類がハートの導きとの深い確かな結びつきを求めているように私は感じている。私の人生を振り返ってみても、最初に解決策を求めてより深いハートのつながりの中に飛び込んでいったのは、数々の差し迫った課題に遭遇したときであった。他の多くの人々と同じように、マインドに駆り立てられた野心や道から外れた選択を変えないように、私にはハートの直観的な導きを抑圧するいつもの傾向があった。しかし、十分な精神的苦痛と挫折を味わったのち、私はようやく痛みや後悔を原動力とすることなく、ハートの導きとより深い絆を築くことができることに気づいた。痛みは私にとって好ましいハートへの扉ではなかった。しかし、愛や尊敬、優しさがあれば、もっと簡単にハートの扉を開くことができると知るまで、その扉として痛みが機能してくれていたことに感謝している。

意味のある意図を持てば、人生を変えるような直観的なハートのつながりを作ることができる。私たちのケアと思いやりを深めることは、私たちのハートの直観的なつながりを、単なる一過性のトレンドではなく、賢明な生き方として定着させるのに役立つ。私たちのハートの中には無限の愛があり、今にも走り出そうとしているのだ。

私たちの内なる叡智は、静かにしてハートにログインすることで起動するアプリに似ている。ハートのエネルギーがより存在感を増すと、直観的なメッセージの明晰さも増す。愛と静けさを感じながら呼吸することで、直観の受信と理解における不鮮明さを取り除くことができる。

ハートの直観的なガイダンスにつながって、未知の才能や潜在能力を顕在化させるために、本やテクノロジーに精通したり、新しいスピリチュアルなトレンドについていったりする必要はない。現在、多くのシステムが、方向性を示す自然なハートの導きを探求するように、人々を導いている。より多くの人々がスピリチュアルに成熟し、本当の自分とのより深いつながりを望むようになるにつれ、これは主流となって受け入れられるようになるだろう。

ハートマスシステムや他の多くのシステムはインスピレーションを与えてくれるが、それらに依存する必要はない。なぜなら、あなた自身のハートのスピリット（精神）を高め、人生をより良くする導きがあるからだ。これこそが私の書いていることの最も重要なテーマだ。それ以外は、自分のハートの知性がもたらす変革の手助けを探求し、利用するための刺激となるような、単なる補充情報にすぎない。

ハートマスシステムやその他の有効なシステムは、私たちの多くが子どもの頃に自転車の補助輪を使っていたのと同じように使うことができる。補助輪は私たちがバランス感覚や自己の可能性を育む助けをしてくれたが、すぐに補助輪なしで自分の力で走れるようになった。あなた自身のパワーアップとそれに伴う自信を引き出すことをあなたの目標とし、そして地球とすべての生命に対するあなたの愛とケアの奉仕が、他の誰よりも重要であることを知ってほしい。もし、あなたがそれ以下だと感じるなら、その低い波動エネルギーの自己制限に閉じ込めている信念と考え方を書き換えることができる事実を知ってほしい。

比較するという点において私たちは、お互いに重要な存在ではない。個人によって気づきのシフトのタイミングが異なるため、気づきには個人差がある。これは、私たちの愛と思いやりのパワーをもっと解き放つために経験すべき、ある種の人生の教訓に基づくものだ。自分の気づきを他と比較することは、私たちの成長のある段階において、他の人よりも自分は重要ではない、あるいは重要だと感じるような誘惑をもたらす。これは、私たちのエゴの正常な側面だ。自分が特別である（または特別ではない）という虚栄心である。私たちがよりマインドフルになって、愛、優しさ、思いやりの方法に取り組むようになると、私たちのエゴは鎮まり、それほど問題ではなくなる。相互の関わりに配慮して、常に謙虚さを保つ練習をすることで、より多くの流れ（フロー）とより少ない抵抗で、私たちの前進は加速するようになる。そして、ストレスが減少する。

自分の人生の真の目的を知るためには

今、多くの人が経験しているように、目覚めた人は、やがて自分の目的について知りたくなるものだ。ある人は、自分の目的の感覚とつながりながら成長する。また、目的に向かって自分を導いてくれる師や啓示をはるか遠くまで探しにいく人もいれば、今のところ目的に関心がない人も多くいる。道を歩み始めたばかりの頃は、目的の感覚があちこちに揺れ動き、形が変わることもある。これは、ハートの直観が高まり始めると、私たちの波動エネルギーと気づきが高まり、願望や方向性が変化することが多いためだ。

ハートの直観的な導きとつながる練習は、目的を明らかにするための格好のスタートだ。それは成長段階の完璧なタイミングで訪れるものだ。私たちのマインドが目的を明らかにしようとする緊急性を放棄したあと、これは道を照らす楽しいシンクロニシティを増加させる。私たちの目的の探求は、パズルのピースが予期しない横道から現れると、より楽しい冒険になる。

もしあなたが、自分の情熱に従って目的を見つけようとする人なら、情熱のエネルギーは最も高い金額で入札した者に仕えるものであるのと等しい。これは直観的ハートの願望であることもあるが、普段はエゴに動かされた野心である場合が多い。時には、私たちが情熱と認識しているものが、ハートの分別なくエゴで動かされたエネルギーであることが判明する場合もある。常にそうであるとは限らないが、定期的にそのドアが開いているかどうかを確認したほうが良い。また、目的意識がハートの方向性と一致しているにもかかわらず、情熱が欠けているように見える場合もある。そのときは、成長のある段階でスピリチュアルな成熟が多少得られると、あとになって情熱が起きてくる。

ハートの目的を追求していたのは、ほとんど自分のマインドからだと気づいてからは、目的探しの魅力に取り憑かれていた状況からやっと解放され、ハートの導きを信じることを学んで、物事の整理ができた。私のハートが明らかにしたことは、仕事での選択や人生がどのように展開しようとも、ハートの導きに耳を傾けるのを学ぶことが目的を実現するための最重要なステップであるということだった。

ハートの叡智により信頼を置くことで、時間が経つにつれ、私の中での内面的目的と外面的目的がお互いに自然に一致しやすくなるようなベースラインが設定された。人生の学びへの姿勢が成熟するにつれ、私の情熱と使命感は増していった。

私の目的のもう一つの重要な側面は、ハートの知性を使うことで、自己中心的な愛から全体に広がる愛を知ったことだった。私は、「自分が誰であるかということ」と、「自分が誰であると思っているか」の区別を見極めるプロセスを開始した。本当の自分になるためには、自分を愛することへの抵抗を解き、内面に感じていながら十分に表現できなかったダイナミックな愛を解放することが大切だ。数年前まで、自己愛という言葉は、あまりにも自己中心的な響きがあるため敬遠していた。しかし、感謝や忍耐、自分自身により優しくすること、より思いやりがあること、決定や選択に私のハートを含むこと、私の内外の環境に留意し、偏見なく、すべてを完璧にしようとして失敗したときの虚栄心を解放することなどが、本当の意味で自分自身を愛することだと知り、私の認識は変わった。これらはハートの自然な資質の実践でもあった。これらの実践は、私たちに真の自己の本質をもたらすものだ。

私たちの真のセルフ（自己）はすでにパーフェクトだ。何も修正する必要はない。それは、太陽の光をいっぱいに浴びて完璧に熟したオレンジのようだが、その果汁を得るためには皮をむく必要がある。これはどういうことかと言うと、私たちはもはや自分のためにならない、人と人との仲を疎遠にしている古い認識や行動の皮をはぐことで、前に進んでいくということだ。そうすることで、本来の自己の存在からの光と贈り物が見えてくる。

長年にわたり、外面的に達成したい私の目標は、ハートの知的な導きとつながることを選択した人たちのために、私が学んだことをすべて提供することだった。ハートからの導きに従って生きることは、人生のいくつかの目的のパズルのピースをつなぎ、私たちを個人的なエンパワーメントと充足感に導いてくれる。

良心はハートの声を思い出させる信号

良心は、私たちの誠実さや尊厳、配慮を思い出させてくれる直観的な波動エネルギーだ。それは直観的な判断の基準であり、私たちの選択と行動を見極める意識を自分に向けるように促してくれる。私たちの良心は、〝本来の自分からそれた〟状態に浸り過ぎているときに、私たちが本当は何者であるかを、親身に、しかし時にはしっかりと思い出させてくれるものなのだ。

「あなたの良心をあなたの道しるべにしなさい」と人生の中で聞くことがある。私たちの良心は、時にテキストメッセージのように、態度や行動を軌道修正する機会を提供する信号を送ってくる。通常、〝良心で悩んでいる〟というときは、彼らの思考や感情、または行動が真の本性の誠実さ（ハートの本質）に同期していないときだ。良心は、そのアドバイスに従うことを強制しないが、それはハートの状況判断を含まない特定のエゴに駆られる前に、二度、そして再び二度、考え直す機会を与えてくれる。

20代の頃の私が何かを選択するとき、良心はほとんど聞こえなかった。〝人生の設計者〟

（創造主）には人間の良心の声をもっと大きくしてほしいものだ。多くの人々が「良心の声が大きくはっきり聞こえてきている」と私たちに報告している。このような変化の時代が続く限り、また、私たちの大事なハートや思いやりにもっとつながればつながるほど、この傾向は強まり、より明白になっていくだろう。

内なる男性性エネルギーと女性性エネルギーのバランスをとる

どうして自己変革のための多くの実践や目的が頓挫しがちなのかを、不思議に思うことがよくある。その理由の一つは、私たち一人ひとりの中にある男性性エネルギーと女性性エネルギーのバランスとパートナーシップが欠けているためだ。人はそれぞれ、性別に関係なく、男性的と女性的な波動エネルギーの組み合わせを持っている。例えば、私たちの女性的な側面は、直観的な導きに敏感で、男性的なエネルギーは、この導きを日々の行動に落とし込んで定着させるのに重要な役割を担っている。これは、私たちの男性性と女性性の資質がバランス良く組み合わさっている一例に過ぎない。

男性性エネルギーと女性性エネルギーのバランスをとることによって起こる変容の利点

には、ハートの知的なコミュニケーションとより明確につながり、私たちのシステムを癒し維持する能力が高まることなどがある。実は男性性と女性性のエネルギー（波動エネルギー）は、人生を形作る役割を果たしているのだ。ハートの知性は、常に私たちの人生を方向づけ、平和な状態をもたらしている。このエネルギーのバランスと男性性エネルギーと女性性エネルギーのバランスが崩れると、精神的・感情的な制約が生じ、最良な在り方をもたらす潜在的能力を妨げてしまう。通常、私たちはどちらか一方に偏っている。このアンバランスは、自己評価能力を弱め、自分の弱点を他人や自分自身から隠すために、強みを過剰に演じてしまう原因となる。

多くの人々が、たとえ自分ではわからなくても、内なるバランスを整えようという衝動を持っている。内なるバランスは、人類が徐々に移行しつつある次の意識レベルの基礎となるものだ。次に記すのは、起こりうるシナリオの例である。

男性性エネルギーと女性性エネルギーのバランスがとれてくると、私たちのスピリットは、本腰を入れて、より高い潜在的能力を発揮し、日常生活の中での関係性にその天賦を解き放ち始める。私たちのハートの直観的な導きは、これらの能力からの贈り物を使って、最も充実した人生を展開できるようにする。これと同時に、他の人にも「同じようになってほしい」という思いやりと願望も生まれてくる。

何世代にもわたって、男性性エネルギーが地球を支配し、本来はとても重要な女性的な資質や感受性を抑圧してきた。しかし、その時代は変わり、新しい時代が始まりつつある。バランスと協力がもたらす変革の恩恵についてのリアルな人生の章が始まるのだ。（男女の中にある）女性性エネルギーは待ち望んだ瞬間を迎えている。これまで以上に多くの男性がハートに敏感になり、男性性と女性性の波動エネルギーのバランスをとることの利点に目覚めている。このバランスの調律は個人のパワーを高めるのに大切な役割を果たしているが、まだ多くの人にとって欠けているプロセスだ。女性たちは、自分たちの女性的な長所と資質を聞いてもらえ、尊重され、平等に考慮されるように、これらのエネルギーのバランスをとるために神わざの速さで動いている。このプロセスには、男性の波動エネルギーに支配されすぎないようにするという課題も含まれている。これは個人的な変容プロセスの妨げになるからだ。ハートに近いところにいることが、この微妙なバランスを導き、しっかりつなぎ止めるのに役立つ。

ハートの知性にアクセスすることで、これらのバランス調整はより行いやすく、大きな効果をもたらす。私たちのマインドと感情がハートと協調するようになると、自然と男性性・女性性エネルギーのバランスと調整が、より簡単かつ優雅に行われるようになる。

生まれつき男性性・女性性のバランスがとれた人もいる。私はそうではなかった。私は少し男性的な要素が強かった。私が少年時代に育った地域では、もしバランスのとれた人間になるために〝私の中の女の子〟を目覚めさせる必要があると言われたら、けんか腰になることだったであろう。しかし、私の虚栄心は、年月を経て柔らかくなった。

グローバルレンジャーの小喜劇《スキット》

「さあ、男たちよ、鞍《くら》に乗ってこの星を駆け巡り、この世界的なストレスの混乱を正そう」

「女たちも連れていくべきかい？」と誰かが叫んだ。

「ああ、彼女たちはすでに駆け足で去っていったよ……。彼らは人類のニーズをいち早く察し、それを支援する道を歩んでいるのだ！」

「さて、皆さん、私たちがまだ自分たちに任されていると感じられるものが残っているかどうか、そろそろ出発して探したほうがいいでしょうね」

エゴは神性の一部――捨てるべきではない理由

私たちのエゴは自分が欲しいものとは違うものを欲しがるブギーマン（人さらいの妖怪）ではない。忍耐と内なる導きがあれば、より高い波動エネルギーの目的へと変容させることができるものだ。ハートを通して人生を磨くことは、エゴの波動エネルギーの性質を変容させ、真の自己の振動エネルギーと共鳴させることである。私たちの多くは、エゴの波動エネルギーが低いために問題を起こし、それを他人や人生のせいにしてきた。しかし私たちのハートの導きは、気づきの意識が高まる各段階で、エゴの性質が自然に成熟する助けをもたらす。エゴを飼い慣らすには、エゴをはずかしめたり、責めたりするよりも、このほうがずっと効果的なのだ。

私がこの道に入ったばかりの頃、私はキツツキのように自分のエゴを批判し、たたいて、自分は自己マスターへの近道にいるのだと思い込んで（神が私の動きを見ていてくれることを願いながら）、スピリチュアルな渋滞状態になっていた。私は最終的に、エゴの監視に過度のプレッシャーをかけることは、エゴそのものから来るのだと学んだ。エゴを手なずけようとする私たちの意図は、一見崇高なものに見える。しかし、深い見極めをするハートのパワーなしにマインドだけで事を進めると、（特に、ウサギのように早くスピリチュアルに進もうとするあまり、カメのような知恵と忍耐がない場合）常に挫折してストレスを感じることになる。

それを非難することなく、エゴとの平和を作る決心をすると、私たちのハートのコーチングは、最終的にそれが完璧なタイミングで、最高に役立つ方法に変換される。お風呂の水と一緒にあなたのエゴを捨てないでほしい。エゴは変換されていくので、自己中心性を減らすための段階ではエゴのためにエゴを捨てないことが大切だ。私たちの決意が心底から強固であることを感知すると、エゴは私たちの内面の尊厳の強さに降伏する。エゴを含む私たちのあらゆる性質は、私たちの神性の一部であり、パワーが発揮された最高の状態になるプロセスで重要な役割を果たす。それらをすべて愛し、それらに感謝しよう。

幸福はハートを通して内側からあふれる

最近、幸福に関する研究や書籍が多く出され、〝国民総幸福量〟を測定している国（ブータン）もあるそうだ。幸せの源は、人や場所、物など、外から与えられるものだと思わざるをえないのはわかる。しかし私は、平和や最新の幸せを求め、果てしない探求を続ける中で、自分のマインドが求めているものは、自分のハートこそそれをもたらすものであることに気づいた。マインドも素晴らしいが、本当に自分を幸せにしてくれるものは何かということを突き詰めて考えると、ハートの知恵と知性を働かせるのが賢い方法なのだ。ハートの叡智に委ねると、マインドや感情は少し萎縮するかもしれないが、最終的には、知的なハートのような、地に足の着いたメンターがいることを、私たちのマインドは喜ぶのだ。

人は、本当に幸せな場面と、なんとかやっていける場面の間に、大きな差を感じることがよくある。しかし、他人と接するときにもっと心を開くことで、この大きな差を配慮と深いつながりで埋めることができる。これは、より高い波動エネルギーを得る練習であり、個人の幸福と達成感に向けた基本的なステップだ。人や刺激、物（たとえそれが良いものであっても）を通して幸せを追い求めるのではなく、愛の波動エネルギーを上げる練習をするうちに、私たちは、**ハートを通して人生を見極めているときに、幸せが自然に深まることを発見するだろう**。

幸せは高い波動エネルギーだが、私たちはしばしば低い波動エネルギーの態度からそれを追い求めるので、なかなかしっぽをつかめない。幸せな期間は、低い波動エネルギー（怖れや不安、課題になっているイメージ、心の傷、恨みなど）を拡張したり、または断片的にしたりすることができる。しかし、これらの低波動エネルギーは私たちの幸せの流れに障害をもたらす。すると、私たちは、瞬間的に良い気分を味わうことはできるが、その賞味期限は短くて代価が高い。

私たちが、条件を必要としない幸福の波動エネルギーを獲得すると、他のすべてはおまけになり、依存（これは失望の母である）はなくなる。例えば、本当に地に足の着いた幸せは、出来事がうまくいくかどうかには左右されない。イベントが中止になっても、何事もなく終わっても（たとえ、リセットのために何度か息を吐かなければならないとしても）本当の幸せは変わらない。

継続的な幸福を求めるのは逆効果を生む。幸せは内なるものだから……。私たちがこれを発見したときに、大きな変革が起きる。幸せは、私たちが内側から解き放つ究極のスピリチュアルとして捉えるべきで、幸せを外側に見つけるために果てしない巡礼の人生を送る必要はない。

戦争やウイルス、自然災害、飢餓、虐待などから生き残るための闘いに追い込まれ、幸せについて考える余裕すらない何百万もの人々への思いやりを心に抱こう。この図式を一夜にして変えることはできないが、私たちの愛と思いやりは、目に見えない形で役に立っているのだ。たとえ、その繊細な働きを常に監視し、追跡することはできなくても、本物の愛が無駄になることはない。全体にとってより良くなる時代が到来しつつある。私たちはその変革の担い手なのだ。

第7章

ケアとオーバーケアの違い

ドック・チルドリー

　私たちがスピリチュアルな面で成熟し、高い潜在能力を発揮するようになると、より多くのケア（配慮）を提供することが伴ってくる。より多くのケアを提供することは、愛が実用的なものになるための最も理に適った方法だ。そうすれば、私たちが無意識のうちに作り出し、繰り返している多くの問題を未然に防いだり、解決したりすることができるだろう。

　次の数項目で、ケアとオーバーケアの違いについて説明する。オーバーケアとは、当初何かや誰かを大切に思う気持ちが、強迫的な心配や不安、そして最悪の事態を予想することに変わることだ。これは次第に、感情の枯渇とそれに伴う明らかなストレス負荷へとエスカレートする。ケアは私たちの最高の資質の一つだが、気遣い（ケア）が過剰な気遣い（オーバーケア）になってしまうと、エネルギーを消耗し、健康に悪影響を及ぼす。ケアをきちんと管理することで、自分も他人も成長する。しかし、過剰なケアは、たとえ善意であっても、マインドのエネルギーの漏洩が続いて起こり、ケアの有効性を無駄にしてしまうのである。

多くの介護人が、ケアのエネルギーを上手に管理できないために、高い確率でエネルギーの燃え尽き症候群になっている。ケアの管理には学習の必要があり、深いケアをする人にとってもそれは簡単なことではないので、もっともなことだ。ケアの管理は、バランスのとれたケアの経済（収支）を学ぶうえでの感情的な成熟プロセスの一部なのだ。

以下は、波動エネルギーを低下させてエネルギーを枯渇させるオーバーケアの典型的な領域の例だ。

- ●仕事
- ●人間関係
- ●お金

- ダイエット
- 子ども
- 親
- 健康
- 後悔
- 外見（どう見られるか）
- 感情（どう感じているか）
- 将来の安全性
- 態度（どう振る舞うか）
- 不足感
- 比較
- 人からどう思われるか（そして内心自分は人をどう思っているか）
- 新しいテクノロジーの習得

このリストにある多くの問題は、私たちのエネルギーを消耗させ、回復力（レジリエンス）や快活さの感覚を低下させ、健康や活力を損なわせることが多い。そして、なぜ本来の自分らしさを感じられないのだろうという疑問を私たちにもたらすのだ。

オーバーケア（過剰なケア）には、自分自身を正当化する誘惑的なパワーがあり、その一方で、エネルギーを奪ったままにするという隠された性質がある。しかしこの後紹介するエクササイズの練習を重ねることで、過剰なケアが私たちの感情や知覚を侵し始めたときに、直観を働かせて自分自身に警告することができるようになる。過剰なケアを見極めて、取り除く練習をすることで、エネルギーと健康のリスクを大幅に回避することができる。

過剰なケアをなくすことは、ケアを減らすことではない。ケアをバランス良く保ち、ハートをコヒーランスにすることで、その効果を強化することなのだ。私たちの発するエネルギーのバランスがとれていれば、いつでも私たちの立ち居振る舞いはスムーズになる。オーバーケア（管理されていないケア）は、「オーバーケアになることは仕方がないことだ」という社会の暗黙の合意によって隠された、増殖する感情的なウイルスであると見なして良い。ハートの直観的な導きと決断によって、私たちはオーバーケアと絶え間ない心配がもたらす魅惑的なストレスから解放される。

新しいソフトウェアやコンピュータ、スマートフォン、その他の〝必需品〟を使いこなそうとすると、過剰な（強迫観念的な）ケアと感情の乱れが無意識に流れ込んでくることがある。確かにこれらは便利なものではあるが、それをすべて使いこなさなければならないという不安から来るストレスが蓄積することもある。私たちはテクノロジーの利用者なのか、それともテクノロジーに消耗させられているのか、私たちは機器のプログラマーなのか、それとも機器の奴隷なのかと、時折現実をチェックし、問い直すことが大切だろう。中毒が忍び寄ると、私たちは奴隷（駒）になり、機器が私たちの主人になる。特に、テクノロジーがSF的な可能性を秘めながら科学において爆発的に発展していくこの加速的な時代においては、すべての物事に適度なバランスを見つけることが、ハートの知性の実践となる。楽しみながらも、常に自分が主体でなければ自分が駒になってしまう。グレーゾーンなどがないことは知っているだろう。

ケアとオーバケアを区別する

バランスのとれたケアと過剰なケア（オーバーケア）の違いは、最初はわかりにくいかもしれない。というのも、私たちがオーバーケアに陥っているときは、「自分が最もケアをしている」と夢中になることが多いからだ。私たちが気にし始めた問題の多くは、次第に心配事へと変化していく。過剰な心配は、過剰なケアを「効果的なケアである」と錯覚してしまう悲劇的な例だ。私たちのほとんどは心の中で、行き過ぎた心配は、結果的に個人のエネルギー不足につながり、私たちの心身の健康を損なうことを知っている。もし私たちが過剰な心配が自分を助けると本当に信じているのなら、友人や子どもたちに、人生の試練が訪れるたびに過剰に心配するように勧めるだろう。

他人や自分自身を危険にさらすような物事や状況に対して、人はどうして心配や不安に陥らないでいられるのだろうかと思うかもしれない。人生では、私たちの心配を増幅させるような深刻な出来事も起こる。しかし、過剰な心配（オーバーケア）によるエネルギーの消耗は多くの場合、それほど重要でもない物事や問題に対して生じるのだ。

私たちは過剰な心配（オーバーケア）をする習慣に依存している。このような状況のときにこそ、ケアを管理することが重要なのだ。過剰なケア（オーバーケア）は、世代を越えて受け継がれる、深く擦り込まれた人間の習性だ。だがそれは、自分自身を整えることでのみ治癒させることができる。他人が私たちのその習性を変えることはできない。なぜなら、心を込めて取り組むと同時に、ちょっと意識して集中すれば、オーバーケアは自分でコントロールできるものなのだ。数日間自分を観察し、自分自身や他人、あるいは問題に関して、マインドや感情を占拠するオーバーケアをどのくらいキャッチできるか探すと良い。オーバーケアによって心配や不安、苦痛を感じている自分に気づいたら、次のエクササイズを試してみてほしい。

オーバーケアエクササイズ

1. 心臓や胸のあたりから呼吸しているかのように、リラックスしたペースで呼吸しながら、呼吸とともにマインドや感情を落ち着かせることを想像する（落ち着いた気持ちは、状況を判断するときに、より明確な見極めと選択のための直観的なアクセスを可能にする空間を作る）。
2. マインドと感情の波動エネルギーを落ち着かせたら、オーバーケアに逆戻りしそうだと気づいたときに、いつでもこの呼吸法を繰り返すことを心がける。この呼吸法を数回繰り返すと、自分のエネルギーがよりバランス良く、管理しやすくなっていることに気づくだろう。

3. 練習するとき、毎回うまくいかなくても気にする必要はない。大丈夫だ。チャンスはいくらでもある。自分が本物であることが、あなたのハートの意図するパワーを強める。

このエクササイズには力まず、気楽に取り組んでほしい。練習を重ねるうちに、自分がいつオーバーケアになっているのかをより意識できるようになる。多くの場合、その場でオーバーケアを止められ、自分のエネルギーバランスを取り戻すことができるようになる。練習を重ねると、目的を実現する力が強まる。それに加えられるハートのエネルギーは、特に決意がしぼみ始めてしまうようなとき、私たちに不屈の精神とレジリエンスをもたらしてくれる。

この簡単なエクササイズは、オーバーケアや心配に限ったことではなく、どのようなストレスの多い課題や状況においても、感情に流されることなく、より明確な見極めをサポートする。心配はとても〝正当〟であり、普通のことでもあるが、オーバーケアの最も大きな要因の一つであることを忘れないでほしい。

オーバーケアを理解して管理することは、私たちの自己変革のプロセスにおいて、最も有益なステップの一つであることに私は気づいた。よく私たちは、オーバーケアやその他の不要な感情パターンを変え、置き換えるための直観的なインスピレーションを得ることがある。インスピレーションとは、精神（スピリット）が満ちあふれた瞬間に得られる。

それは無制限の発想エネルギーの贈り物だ。ただし、タイマー付きの。しかし、インスピレーションはすぐに〝それに従って行動〟しないと、風船のようにしぼんでしまう。インスピレーションは、使えば使うほど自然に培われていく。より熟練してくると、インスピレーションの熱がまだ冷めないうちに、直観からの促しによって前進できるようになる。

これは、オーバーケアと抵抗の波動エネルギーを超えて私たちを引き上げてくれるので、目的を達成するための潜在的な能力を倍加させる。私たちはインスピレーションに最初に促されて前進するにつれて、ハートからの直観的な贈り物を無駄にしないようになる。私は、最初のインスピレーションに従ってすぐ行動しないと、その必要なインスピレーションがまた戻ってくるまで、何カ月もかかることがあることに気づいた。

心を込めてやれば、ストレスを引き起こすパターンを減らしたり、変えたりすることができる。それは、私たちが何か大事なことをしようとするときは子どもに言って聞かせるように心を込めるのに等しい。

次の数ページで、恐れについて話そうと思う。心配事をそのままにしておくと、それが恐怖に発展することがよくあるからだ。これは地球上にある最大の集合的課題なのだ。

恐れに対処する――人類が長年闘ってきた感情をハートはどう克服するか

個人的な問題や、テロ、内乱、ウイルス、気候変動などの世界的な問題から来る恐怖に襲われたとき、私たちには感情をコントロールする選択肢があるのを忘れてしまうことがよくある。恐怖の原因が現実のものであろうとなかろうと、恐怖に襲われたときに常に何らかの形で内なるバランスを保たなければ、健康や安寧が損なわれてしまう。パニックと恐怖は、私たちの高次の理性能力を麻痺させることによって、賢明な評価と選択の周りに霞をかけてしまう。より多くの人々が、感情的なバランス構造や自己安全性を崩壊させるパワーを持つ恐怖に襲われて疲れ果てている。

私たちの多くは長い間、恐怖を克服したいと願ってきたが、私たちが一歩前に踏み出し、マインドの意図の背後からハートを関与させるまでは、何も変わらなかった。私たちはしばしば、ハートの知性の精妙な導きが必要な課題を解決するために、マインドだけを働かせている。マインドにはすぐに解決しようとする傾向があるため、自分自身につまずき、結果として挫折ややり直しを経験することが多い。ハートの導きに一致するように働くマインドは、恐れや望ましくない行動パターンに対処するための情報や効果的なステップを、直観的に引き寄せることができる。

恐怖を軽減するためのハートに根づいた実践

私は自分の経験から、マインドを葛藤させるのではなく、気楽さ（Ease）と自己への思いやりを持って恐怖に向き合うことの大切さを学んだ。恐怖心を克服するためには、忍耐力が必ず必要だ。それを知るまでは、焦りから、恐怖心をなくそうという気持ちの多くがゴミ箱に直行することになった。恐怖から直観的な論理能力が制限されると、自己を守るための警報が鳴り響き、パニックに陥ったり、圧倒されたりするという強力な内的歪《ゆが》みが生じる。しかし、**マインドと感情の波動エネルギーを減速させる**ことに重点を置くことで、内的ゆがみを軽減することができ、恐怖や不安のエネルギーも減らせる。これは、吸った空気が心臓のあたりから入ってくるのを想像しながら、ゆっくりと呼吸することによって実践できる。感情の起伏をコントロールするには、まず、不満やイライラ、焦りといった小さな感情を減らすことから練習するのが効果的だ。精神的・感情的な激しさを軽減させることは、より賢明な選択と解決のための直観的な感受性への入り口となる。

以下は、恐怖や不安をコントロールするためのいくつかの実践方法だ。

恐怖心を止めようとするのではなく、単に恐怖を少しずつ減らしていくことを（無理をせず、気楽さを持って）心がける。このプロセスにタイマーをかけてはいけない。恐怖に対する自己判断（ジャッジメント）やネガティブな感情は多くの抵抗を生むので、それらを解放する。

私は自分の感情を判断する過程であまりにも複雑（少年フロイトのよう）になり、恐怖におののいてマインドが中毒になっていたときに、習慣的にこの方法を実践した。想像で恐怖を増幅させればさせるほど、排除したい恐怖にパワーを与えてしまうことになる。

ニュースを見ることが恐怖の引き金になっている場合は、ニュースを見ながら、穏やかさと感情的なバランスのとれた気持ちを持って呼吸する練習をするだけで良い。**呼吸をしながら、その痛みや恐怖を引き受けることなく、人間の苦しみに対する配慮と思いやりを**

持ち続けている自分自身を見るようにするのだ。これは、あなたにあまり配慮がないということではない。

また、もしニュースを見るのがつらいと感じたら、全く見なくてもいいということを知ってほしい。ニュースを見ることが個人の心身の健やかさにつながるのか、それとも損なうのか、正直に判断しなければならない。

多くの人々はニュースばかり見ないほうがいいのかもしれない。私はよく世界のニュースを見るが、それは地球上の恐怖と苦しみを慈しむという決意に火をつけるためだ。練習を重ねれば、冷静さと思いやりを同時に保つことができるようになる。今日、多くの人々が、ウイルスや異常気象、健康問題、市民の不安などの、絶えず変化する最新情報をニュースで目の当たりにする。多くの問題がそうであるように、ニュースにも利点と欠点がある。自分にとって何がベストなのかを、自分のハートで判断してほしい。

私が恐怖心を減らすために最も役立った練習は、次のものだ。

祈りや瞑想の中で、私のハートからの愛がマインドとすべての細胞に流れ込み、私の古い恐怖の擦り込みを変えることをイメージする。呼吸をしながら、恐怖や不安という古いプログラムを、「知的な（管理された）懸念」という感情に変える意図を意識的に心に抱く。これは恐れの感情を軽減させるよりもより客観的でストレスの少ないやり方だ。

恐怖は私たちのパワーを奪ってしまう。一方、知的な懸念を抱く姿勢は、より明確な洞察と選択をもたらし、精神的に一層激しい状態を扱うことができる。知的な懸念は私たちに行動の主導権を与え、より直観的な方向に向かわせる。知的な懸念とは、恐怖に代わる健全な態度だ。あなたの内面や外面の安全を脅かす恐れと仲良くし、恐れの感情を知的な懸念（管理された懸念）へと変換する練習をすることを心掛けることだ。

私はまず、あまり強くない恐怖を減らすことから練習することで、深い恐怖や不安のいくつかを客観視でき、消滅させるパワーがすぐに強化された。あなたが恐怖を軽減し、それを知的な懸念に変換する練習をするという小さな一歩は賢明な一歩であることを知ってほしい。それは落胆を減らし、バランスのとれたペースを作るからだ。また、忍耐と自己慈愛を持って、自己判断やあきらめを持たずに練習し、失敗を許容するのを忘れないことだ。焦りや自己疑心を抱かずに、気楽に取り組んでほしい。

この数行の文章だけでは、恐怖心を引き起こす可能性のある際限のない状況や事情について説明することは到底できない。人々は、その〝すべてを解決して、恐怖を消す方法〟を見つけようと、長年にわたって探し続けてきた。これをテーマとする本や情報を調べれば、他にも多くの有用な説明が得られるだろう。もしハートからそれを望むなら、恐怖をより強い自分への安心感に置き換えられる、さらなる情報が引き寄せられるだろう。

子どもたちがハートのつながりを保てるようにする

特にこの生きることが困難な時代に親が子どもにしてあげられることの一つは、自分自身とハートのつながりを保つ練習をさせることだ。パンデミックは、社会的孤立やホームスクール、マスク着用、将来への不安などから来る影響を、子どもたちや10代の若者たちに与えた。この本を書いている時点で、カルガリー大学の研究によると、臨床的に、世界の若者の5人に1人が強い不安症状を経験し、4人に1人が強いうつ症状を経験している。

小さな子どもが悩んだり、不機嫌になったり、かんしゃくを起こしたりしているとき、大人は本能的におもちゃを与えたり、愛情あふれるケアで、そのエネルギーを方向転換させたりすることがよくあるが、これによって瞬時に子どもの周波数ピッチ（振動エネルギー）は落ち着き、喜びや高揚、満足（高い周波数の感情）へと完全に変化させることができる。幼い子どもたちがよく抑圧された感情を素早く変化させることができる主な理由は、発達の初期段階において、純粋な愛や透明性、偏見のなさ、**心を解放して前進する卓越したパワー**といった、持って生まれたハートの高い波動エネルギーとまだつながっているからだ。彼らのマインドは、ハートの高い感情や選択を覆い隠してしまう無数の低い波動エネルギーにあふれる社会的な考え方や習慣にまだ染まっていない。

人々の集合意識は、子どもたちにマインドとハートの違いを教え、相互の関わりの中でハートのつながりを保つ方法を教える必要性にゆっくりと目覚めてきている。これは通常、幼い子どもたちに感謝や優しさ、分かち合い、悲しんだり気分が落ち込んだりしている他人への思いやりのあるケアなどを教えるところから始まる。特に幼い子どもたちには、ストレスや感情的な負荷がかかったときに、自分のハートのスペースに慰めと導きを求める方法を教えることが重要だ。子どもたちは、社会的なストレスや、過剰な刺激、オーバーケア、野心、競争、テクノロジーに振り回されるといった社会生活のハードで速い流れの中でも、ハートの直観的な導きとつながることを学べる。

子どもの成長を妨げる最大の要因(もちろん意図的なものではないが)の一つは、子どもが大人になるにつれて、どうあるべきか、何をすべきかを、親はいつでも一番よく知っていると思い込んでいることだ。これによって何百万人もの子どもたちが、親の理想とする人物像を演じることになる。ほとんどの親にとって、子どもがそうするのは当然のことであり、親に対する思いやり（ケア）がその動機になっているように見える。確かにそれは子どもの親への思いやりだが、多くの場合、その思いやりには、子ども自身が自然に育っていくための感受性が含まれていない。これでは、知らず知らずのうちに、本来は合わない型に子どもをはめ込んでしまう。親の導きは大切だが、その導きには時として、それが生み出す結果をもっと包括するような意識のアップグレードを必要とする。

今は世界中の子どもたちが、これまでの世代よりも高い意識を持って生まれてきていることに、ほとんどの人々が気づいている。より高い意識を持つ10代の子どもたちには、ハートの奥深いところで（特に職業や人間関係の選択において）「自分には正しくない」と感じる方向に圧力をかけられたとき、抵抗心や分離が生じる可能性がある。そのため、精神的な抑圧から来る子どもの大きなストレスや感情的な抵抗を防ぐことのできる、最新のガイダンス（導き）・モデルを利用できるようになった。

ガイダンスでは、子どもたち個々の性質やハートの奥深いところにある傾向や願望を認識することが必要だ。この点に関する新しい意識は高まりつつあるが、旧来の指導パターンを変えるためには、まだ多くの課題が残されている。

私は子育てする親には、子育てに関する効果的な新しいモデルや情報を積極的に知ってもらうよう勧める。多くの親たちは、制約のある時間の中でベストを尽くしている。しかし、今こそ私たち大人全員の意識をアップグレードするときだ。なぜなら、私たちは本心から、子どもや若者たちが**本当の意味で自分らしく育ってほしい**と願っているからだ。

特にこの時代は、子どもたちの加速する意識に付いていくのは大変なことなので、親も自分自身を思いやる必要がある。私はこの新しいガイダンスやモデルに取り組むことがどれだけ大変なことなのかを深く理解している。大人にとっても、精神のバランスを保ちながら次のステップを見極めて進むことは、さらに困難になってきていると思う。

そのうち若い世代の意識の高まりは、社会の対立的な低い波動エネルギーの考え方を変えることにつながるだろう。これにより、多くの命を奪う憎しみやトラウマ、報復をなくしていけるはずだ。新しい世代は、すべての人々の間に調和のとれたつながりや相互の思いやりがあることを尊び、不寛容や分離を容認することはないだろう。若い世代は、世界のハートの変革の必要性を呼び起こすための効果的な方法をすでに見出しているのだ。

第8章

思いやり：時代の要請

ドック・チルドリー

無条件の愛や寛容、受容、そして関係するすべての人にとって最高の結果を願う無私の心といった、ハートの本質的な資質を実践することが成熟してくると、思いやりがもたらす効果がさらに増してくる。ハートの資質を育むことは、思いやりをより豊かにし、最高のものにする。真の思いやりは、送り手と受け手の両方に恩恵を与える。しかし、それがどのように私たちを育て、癒し、あるいはいかに困難な状況により柔軟に適応できるようになるのかを、いつでも見ることができるわけではない。

私たちの多くは、思いやりを与えているつもりで、実はエネルギーを消耗し、ストレスを感じてしまうことがある。このエネルギーの消耗と枯渇は、特に偏った共感的なケア

（配慮）から引き起こされる。共感は強いケアの感情を生み出すことができるが、しばしば私たちが大事にしているものへの過剰な執着も生み出しかねない。

思いやりは、愛の最高の支えになるエネルギーの一つだ。私は以前、それは他人の課題を解決するためのものだと思っていた。私たちは愛と思いやりでお互いをサポートすることができるが、人は自分の課題は自分自身で内面から解決しなければならない。私は献身的な〝何でも解決してあげる人〟だったが、人は自分自身で課題を解決しなければならないことを知った。そうでなければ課題は繰り返される。時には異なる形で、また時にははるかに厳しい状況で……。他人のために解決しようと急ぐ問題はしばしば、その問題を抱えている人自身のハートと魂が方向性と解決策を求めてより深くつながることを、その人が学ぶ成長の機会なのだ。

共感的な対話を学ぶことは、真の思いやりのトーン（在り方）を理解するための大事な一歩だ。思いやりとは、無条件の愛であり、自分自身のエネルギーを消耗することなく、他者にとって最高の結果がもたらされるようにサポートすることなのだ。一方、真の思いやりのない共感や同情的な愛着、そして〝疲弊したケア〟になっているのは、ハートからの思いやりと感じたものを広げ過ぎてエネルギーを消耗している証だ。思いやりが誤解されている理由の一つは、昔から人々は〝思いやり〟という言葉を、しばしば同情や共感、哀れみ、過剰な心配などの便利な隠語として使ってきたからである。この過渡期において、人類に最も恩恵をもたらすものの筆頭が思いやりであることから、思いやりについてもっと深く理解するように人々は内側から強く求められている。

思いやりは、私たちのハートの中にある強力な核となる波動エネルギーだが、極度のストレス状態にある人々には、ほとんどの場合、そのエネルギーが届くことはない。愛とケアを感じるには練習が必要だ。真の思いやりを表現するためには、自分自身のバッテリーを消耗させることなく、暗闇の中にいる他人のために、彼らと一緒にならずに愛と光を保持することだ。

共感について

思いやりと共感はしばしば混同されるので、この2つのケアの表現を区別するいくつかのポイントを再確認しておくと良いだろう。前述したように、他人の痛みに反応すると、思いやりと共感的ケアの感情を生じることがよくある。しかし、相手の問題に精神的・感情的に過剰に関与してしまうと、ケアの効果は急速に低下してしまう。共感は、相手の苦痛を感じながらも、そのケアの中でバランスとエネルギー的な落ち着きを維持するということなのだ。

ニュースや子どもの問題、他人の健康問題などは、私たちの共感的な反応を引き起こすことはあるが、しっかり管理しないと継続的なエネルギーの消耗をもたらす引き金になりかねない。共感は、最初は自分の財産だが、それとのバランスを見失うと惨めな結果になることがある。共感が適切に管理されていないと、他人に与えていると思っている〝良いこと〟は想像以上にエネルギーの消耗をもたらす。それを理解したとき（知的にだけでなく、心から納得したとき）、私たちは現実を知る瞬間に直面する。

次の例は、管理されていない共感からよく生じる事例だ。

燃え尽きる寸前に、他人の課題や世界の問題に深く入り込み過ぎた自分自身に憤慨し、そして（自分では頑張っているのだが）自分以外に責めるべき人がいないことに腹を立てることになる。さらに悪いことに、以前の経験から学んでいたはずなのに……またやってしまった……と思うこともある。このあとによくしてしまうことが自己批判と自責で、やがてそれさえもできないほど消耗してしまうこともある。そして、私たちはストレスを抱えながら長い期間をかけて自分自身を取り戻し、新しい決意で最初からセルフケアをやり直し、今度こそは本当に教訓を学んだように感じるのだ……。

私たちは、共感的なケアのバランスが崩れたときにシグナルを送ってくれる直観的な感覚にもっと注意を払うことで、自ら作り上げた物語の結末を変えることができる。私たちのハートの直観的な感情は自己消耗が始まる前に警告を発する。しかし、私たちは相手への感情的移入を正しいことだと信じているので、行動を起こすのが手遅れになる場合が多い。私たちのマインドは時に、ハートの賢明な導きから私たちの目をそらさせることが巧みだ。

多くの他の人々と同じように、私のハートの直観は、マインドの間違った共感の解釈によってブロックされていた。私は燃え尽きる寸前まで、人のために尽くすような生き方が美徳であり、崇高なことだと思っていた。それは、小さな騎士のように〝光を分かち合い、善を広める〟自己犠牲の証明だと考えていたのだ。どんな犠牲を払ってでも、すべての人を癒すという使命を負った、無知に輝く騎士を思い浮かべてほしい……。それが25歳の私だった。そのときの経験の多くは、若さゆえのうぬぼれと、誠実でありながら偏った共感的な気遣い（ケア）が混ざり合ったものだった。しかしその後、私は同じ教訓を繰り返し学び、次の段階に進んでいる。しかし、今でも共感とバランスのとれたケアの違いを注意深くチェックしている。それは、私の個人的なセルフケアのメンテナンスリストの上位に位置している。

覚えておいてほしいのは、共感そのものがエネルギーを消耗させる根源ではないということだ。幸福を損ない、私たちを犠牲にしているのは、共感を知らず知らずのうちに誤って扱っていることが原因だ。

私たちのハートには、エネルギー的な無執着と感情的な平静を維持する能力があるが、これを身につけるには少し本腰を入れた練習が必要だ。これは、私たちが自分自身に与えることのできる最も貴重な贈り物の一つだからだ。バランスのとれた共感は他者を育み、他者に貢献することができる。それほどでもない共感的執着とバランスのとれたケアの違いを学ぶことは、共感にまつわる問題のほとんどを解消するのに役立つ。真の思いやりとその効果に対する理解を深めれば私たちは成熟していく。以下の練習は、共感のバランスをとるのに役立つだろう。

登場人物が肉体的か精神的な（それほど深刻でもない）苦痛を味わっていて、それがあなたの同情心や共感を刺激するような映画のシーンを観ながら、ゆったりとした呼吸をし、感情的に登場人物になりきってしまうこと（過度の同一化）から自分を切り離す練習をする。

これをいく度か繰り返していると、やがて自分の中に感情をコントロールできる場所が見つかるだろう。そうすれば、自分がそこに引きずり込まれることなく、起こっていることを純粋に思いやることができるのに気づき始めるだろう。

映画のシーンを何度も続けて観ることの利点は、自分の感情の出力を調節する内なるスイッチを見つけられる機会が増えることだ。映画のシーンを観ながら練習することで、真の思いやりを学ぶのに役立つ冷静さと意図的な落ち着きを学ぶためにスタートを切ることができる。この種の練習は、救急隊員が自動車事故や大惨事などに対応する際に、感情的な冷静さを維持する訓練としてよく使われ、このスキルは身につけることができる。苦境にある人々と一緒に苦しむことなく、感情的な落ち着きを維持することは、あなたが彼らをあまり大事にしていないわけではないことをハートで知ってほしい。あなたのケアと思いやりはより効果的になる。

思いやる余裕

思いやる余裕とは、多くの人が経験しているストレス過多や不安、緊張感に対して、精いっぱいのことをしているのに気づくハートの資質である。特に余裕とは、他人が気づかないようなストレスに耐えているとき、自分の選択や言葉、行動に行き詰まることを配慮し、理解することだ。思いやる余裕を持つことは、忍耐力を高め、相手の状況をより深く理解することを促す。

お互いに思いやる余裕を持つことで、蓄積された怒り、判断、恨みからくるストレスを速やかに軽減し、防止することができる。これは、変化と予測不可能な差し迫った状況時に、バランスと柔軟性（レジリエンス）を維持するために非常に重要だ。今こそ、判断や恨みを減らし前に進むときだ。ここに、その助けとなるエクササイズがある。

思いやる余裕（寛容さ／ゆとり）エクササイズ

1．あなたが感謝する誰かや何かを大切にする気持ちを放射しながら、静かな呼吸から始める。これは、あなたのエネルギーをマインドからハートにシフトするのに役立つ。

2．次に、あなたが他の人にもっと思いやる余裕を与えることができる状況（例えば、家庭、職場、特に誤解を解くときなど）について考えてみる。

3．呼吸を整えながら、思いやる余裕を持って判断、激怒した反応、寛容さ（例：深い配慮、優しさ、忍耐、理解、寛容さの態度）の欠如を減らしている自分を想像する。1～3を何日か続けて練習することで、この大事な習慣を定着させることができる。

もう一つの有効な練習は、毎日、判断や反応を思いやりのある余裕に置き換えることができる状況を見つけることだ。

自分への思いやりがあってこそ他者を思いやれる

自分への思いやり（セルフ・コンパッション）は、個人のパワーアップや自己ケアの実践において、高いレベルのステップだ。自分自身を思いやるように助言されると、人は最初戸惑う反応を示す場合が多い。

自分への思いやりは少し自分勝手で、場違いで、自分に値しない、スピリチュアルではないなどと思えるかもしれないからだ。このような反応は、もう私たちの役に立たない古い信念体系から受け継がれたものである。自己への思いやりはあまりにも長い間、後回しにされてきた。今こそ、その瞬間を捉え、その変革の恩恵を活用するときだ。自分自身を思いやることとは、利己的な行為ではなく、ハートの知性の行為なのだ。

自己への思いやりを、同情を誘う感情と混同しないでほしい。それは偏見のない受容と、より深い自己理解によって私たちを育むハートからの変容の波動エネルギーだ。このような形のセルフケアを実践することは、癒しと感情的な調整のための時間を必要とする状況を介して変容する際に特に有用である。もし身体的・感情的な課題がある場合、自己への思いやりは、課題や状況に対処する最善の方法を直観的に導き、支える。ただし、自己への思いやりは、困難なときだけのものではない。私たちの身体の細胞やシステム運営の活性剤として働く再生エネルギーでもあるのだ。

自己への思いやりは、私たちのハートとスピリットの愛と力を源とする高い振動を持つ波動エネルギーだ。私たちは明らかに思いやりが有益だと考えている。そうでなければ、他人やペット、世界中の苦しみなどに対して自動的に思いやりを噴出させられないだろう。しかし、なぜ私たちは自分自身のためにこれをしないのだろうか？　自己への思いやりを強力な自己メンテナンスのようなケアとして見てほしい。腕の痛みに軟膏を塗るように、これもセルフケアの一つだと理解すれば、このプロセスはより容易になる。次に、あなたができるエクササイズがある。

自己への思いやりのエクササイズ

1．自己への思いやりを実践するために、どこかで静かにして、内なるスパ（温泉）を作ることを想像するだけでいい。

2．自己への思いやりとポジティブなエネルギーを、あなたの精神的・感情的な部分と、あなたの身体的な細胞に吹き込むことを想像して呼吸する。最も重要なことは、あなたのスピリットからの癒しと再生の資質と直接つながるように、ハートからこれを行うことだ。

今日のような過渡期の時代に、自己を思いやるのは少し練習が必要だ。なぜなら、自己を思いやることは私たちの精神的・感情的・身体的な性質を回復させる効果があるからだ。

思いやりは、愛のスペクトル（波動領域）の中で最もパワフルで知的な周波数の波動エネルギーだ。私たちは無条件の思いやりを直観的に、全体の高い必要性（ニーズ）に対して敏感に表現する。

これにより、そのケアを管理する独自の方法を直観的に選択する。純粋な思いやりは、私たちの意図に縛られることはない。時には目に見え、時には目に見えないこともあるが、自由にその魔法を織り成し、その輝きの中にあるすべてを育む。これは、決して無駄になることはない。真の思いやりは、最高で最善の結果をもたらしうるが、それは私たちの個人的な性格が選択したり、理解したりするものというわけではない。無条件の愛が、真の思いやりの基調となる。

私たち人間の知性が次の気づきの領域へと上昇していくと、人類全体の思いやりが、私たちの魂の源（ソース／創造主）とのつながりを増幅させ、人間の体験を通して流れる愛と癒しの基礎となる波動エネルギーになるだろう。思いやりとは、愛とケア（気配り）が全体にとって最も効果的に成熟した状態に変容して現れたものだ。

第9章

ハートコヒーランス：ハート知性にアクセスする

ロリン・マクラティ

多くの人は、ハート（心臓）とマインド（脳）が同期して働いていて、内面が調和した状態がどのような感じかを知っている。それは課題を気楽に切り抜け、他人と真のつながりを持てるということだ。この内面的な調和の経験を愛するのは簡単だが、これは偶然に起こる場合が多い。このような調和をもっと頻繁に、日々のコミュニケーションや計画、課題の中で創造し経験できたらどんなに素晴らしいだろうか？

そう思ったとき、私たち自身や人間関係、仕事、そして困難な課題への対応に、より多くのバランスと調和をもたらす能力を高めるものは何だろう？　ハートマス研究所での20

年間にわたる応用研究によって、私たちは、心臓、マインド（脳）、感情という3つの間のバランスのとれた「ハートコヒーランス」と呼ぶ生理学的状態を究明した。ハートコヒーランスを高めるテクニックを実践することで、健康や幸福、人間関係、パフォーマンスが向上することは、さまざまな状況や文化において、数多くの研究で示されている。

コヒーランスという言葉をわかりやすく説明するために、簡単な例えを挙げてみよう。瞑想や祈りをしているときに良いアイデアが浮かんでも、雑念や感情、心配事などが常に割り込んできて、気が散ったり、絶えず邪魔されたりするという状態を想像してみよう。一種の非コヒーランスとか内面的〝雑音〟はすべて目的としていることへの気持ちの集中と効率性を妨げ、台無しにしてしまう。反対に、祈りや瞑想中に内面のコヒーランスを高めると、高い真の集中力を維持できるようになり、これによって直観による導きと個人的な能力が増す。このようなコヒーランス状態になると、思考と感情がハート知性につながって同期するので、矛盾する予定や入り混じった信号によって頭が混乱することはない。非コヒーランスはラジオ局の雑音を聞いているようなものだ。一方、内面的コヒーランスがその局に〝ダイヤルを正しく合わせる〟と、はるかに明瞭な信号を受信できるようになる。

一般的な辞書によるコヒーランスの定義は、「論理的に統合され、一貫性があり、明瞭である」とされている。別の定義では「それが人間などの生命システムや大宇宙など、何かのさまざまな部分の間の秩序ある調和的関係」とされている。コヒーランスという言葉は、システム内の安定性と効率的なエネルギー利用とともに、システムのパーツ間のつながりを意味している。また、システム全体が個々の部分の総和より大きいことも意味している。

私たちの身体では、呼吸や血圧、心拍などのリズム系が互いに同期しているときに、一種のコヒーランスが発生する。コヒーランスという言葉がまだ理解しにくい場合は、オーケストラのように、さまざまな楽器が演奏され、そのすべてが共鳴し、同期していなければならない状態と考えても良いだろう。

私たちの身体には多くの分泌腺や内臓器系があり、それらが調和し、協調し、同期しているおかげで、健康を維持することができている。実際、このようなコヒーランスは、生命を可能にする資質として提言されている。コヒーランスという言葉は、私たちの身体的プロセスにおける調和だけでなく、精神や感情の落ち着き、人生の日々の課題に適応する能力においても使われている。

コヒーランスは社会的な環境にも適用できる。ソーシャル（社会的）コヒーランスは、グループ（家族、スポーツ、リーダーシップチーム、組織など）内の人間関係が安定し、調和がとれている状態として反映される。ソーシャルコヒーランスは、集団の結束と協力的な行動に必要なエネルギーとコミュニケーションをもたらす。グループ内の人間関係が不和で、メンバー同士がうまくいっていない場合は、一般的に機能不全や不安定、ミスの増加、パフォーマンスの低下という結果を招く。

ハートマス研究所では、パーソナル（個人的）とソーシャル（社会的）のコヒーランスの詳しい研究だけでなく、パーソナルのハートコヒーランスが、どのようにソーシャルコヒーランスとグローバルコヒーランスの一助になっているかについての研究もしている。次に述べるのは、パーソナルコヒーランスについての科学的な概要である。次の2つの章で、ソーシャルコヒーランスとグローバルコヒーランスについて説明する。

ハートコヒーランス

ハートコヒーランスとは、マインドと感情が同期（シンクロ）し、ハートの直観的な導きのエネルギーと一致している最適な状態のことを指す。生理学的には、心拍リズムの動きを観測し、測定できる特定の状態だ。生理学的なハートコヒーランスの状態にあるとき、（ここでは詳しく説明できないが）私たちの身体の中ではたくさんのことが起こっている。例えば、脳の高次レベル中枢のニューロン（神経細胞）間の調和と同期化（シンクロナイゼーション）や、心臓と脳の間の神経活動（コミュニケーション）の同期化と自律神経系（ＡＮＳ）の活動の調和が進み、副交感神経系（ＰＮＳ）の活動（迷走神経活動とも呼ばれる）が活性化する。

重要なのは、ハートコヒーランスの状態は、感情のバランスと安定性の向上や、直観へのアクセスの増加、精神機能（集中力、記憶力、反応時間、協調性など）の向上と関連していることだ。

第2章で述べたように、研究によって、心臓には独自の神経系もあることが明らかになった。心臓神経学者はこれを「内在心臓神経系」と呼び、心臓脳（ハートブレイン）というニックネームをつけている。この心臓脳の構造と機能に関する大学の研究は、心臓と脳が常にどのようにコミュニケーションをとっているかという解剖学的詳細をより明確に示しており、ハートマス研究所の研究に目覚ましく寄与している。心臓の活動が、知覚や認知能力、感情体験に関わる脳中枢にどのように影響を与えているのかについての理解を深めるのに役立っている。

心臓と脳の間で起こっているコミュニケーションや、ANS（自律神経系）で起こっている活動を知るための独自の手がかりを研究者に提供する重要な指標は、心拍分析、心拍変動分析、または単にHRVと呼ばれる。

心拍変動

心拍数とは、心臓が1分間に何回拍動しているか（BPM）を示すことは周知のとおりだ。心拍変動（HRV）とは、1回1回の心拍のタイミングが自然に変化することを示している（左ページの図を参照）。この1拍ごとの変化が、心臓のリズム（心拍リズム）を作り出している。よく見ると、左ページの図のように、一連の心拍で心拍数が増加し、次の一連の心拍で減少するというパターンが見られる。このように自然に起こる変動の多くは、心臓と脳が自律神経系を通じて互いにコミュニケーションをとっていることに起因している。この変動は、寝ているときや休んでいるときでも常に起こっている。

私たちの心拍の変動に大きな振幅（HRV波形のピークと谷の間の距離）があることは、私たちの健康状態を示す指標となる。また、HRVの振幅は、レジリエンスと心身の健康状態を示す指標と見なされている。実際、多くの研究で年齢に応じた最適なレベルの変動性を持つことが、変化する社会的状況や、大小さまざまな人生の課題に柔軟に対応する能力に関係していることがわかっている。

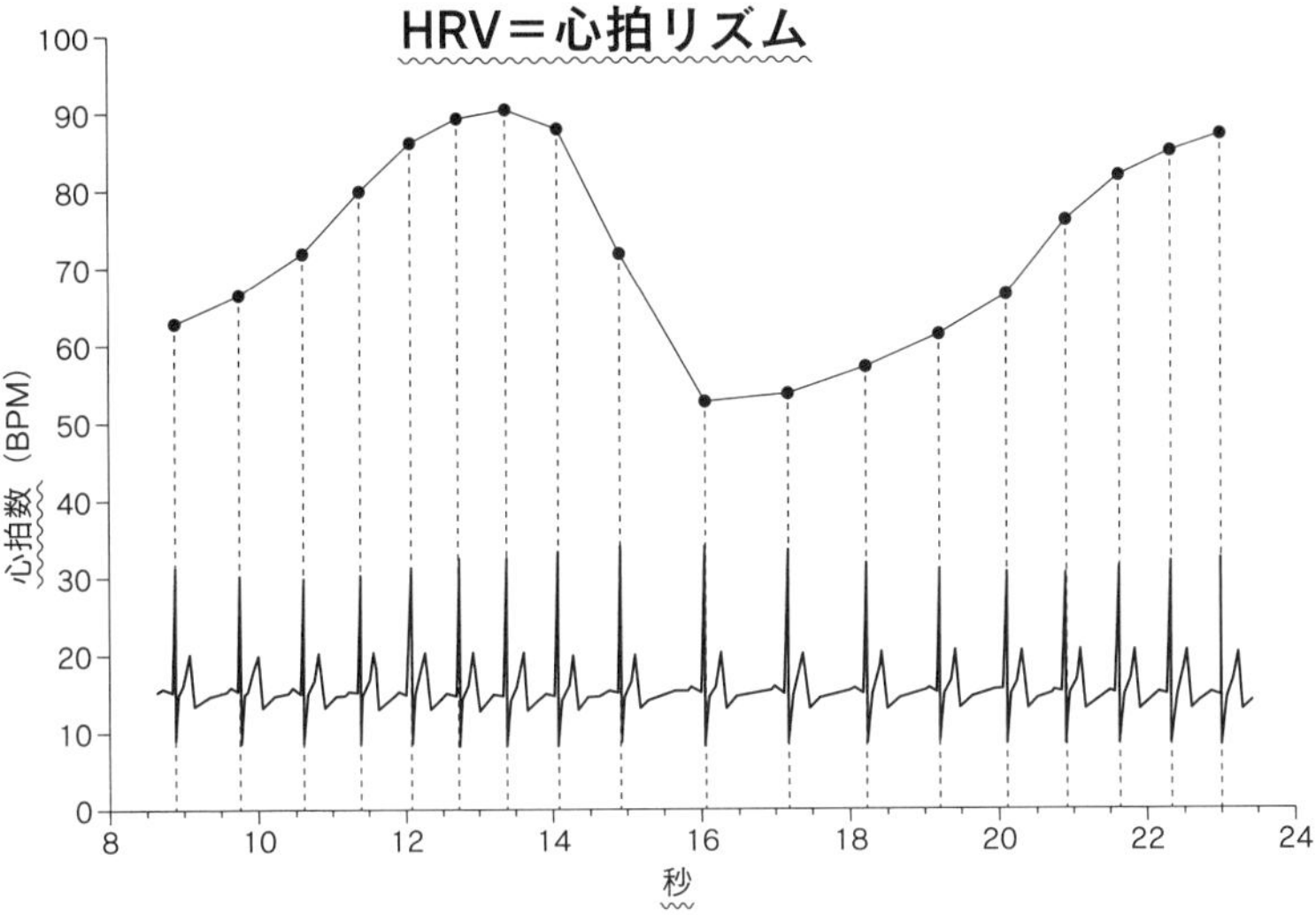

上のグラフは、24秒間に起こる心拍数の変化の一例を示している。下の線は心電図で、上の線のドットは瞬間的な心拍数である。点を結ぶ線が心拍パターンを形成する。線の上り坂は心拍数の増加を表し、一連の心拍が速くなっている（心拍間の時間が短くなっている）ことを意味し、下り坂は心拍数の減少を表し、一連の心拍が遅くなっている（心拍間の時間が長くなっている）ことを意味する。

24時間の中で私たちが持つＨＲＶの量は年齢と関連していて、若い人のほうが高齢者よりも高い値を示す。20歳代であれば心拍数は通常1分間当たり20位（ＢＰＭ）の変化で推移するが、70歳代であれば、自然変動は10ＢＰＭ以下になるだろう。前ページのグラフを見ると、心拍数は約60ＢＰＭから約90ＢＰＭで変化しているが、平均心拍数は約75ＢＰＭである。年齢に対しての正常値より低い範囲や量のＨＲＶを持つことは、将来の健康問題の予測因子になり、多くの病状と関連する。

例えば、何かに驚くと心拍数が上がったと感じるように、知覚と感情が神経系の活動を変化させ、心臓にも影響を与える要因になることはよく知られている。しかし、心臓が脳に送る信号が脳の高部位中枢まで流れ、高次レベルの精神機能に大きな影響を与えることはあまり知られていない。例えば、心臓のＨＲＶ信号は、思考と理知的能力をつかさどる脳の部分である大脳皮質の活動に影響を与える。ＨＲＶを「心臓が脳と身体とのコミュニケーションに使う一種の複雑なモールス信号」だと考えても良い。

1990年代初め、私たちのハートマス研究所で、さまざまな感情の状態に伴う身体の活動パターンに関わる研究を行った。私たちは人々のホルモン。免疫系マーカー、脳波、皮膚伝導、筋肉活動、そしてもちろん心電図（ＥＣＧ）を使って心臓の活動を測定した。当時は、ポジティブな感情に関する科学論文はほとんどなかった。私たちが、ポジティブやネガティブな感情が心臓のリズムのパターンにどのように反映されるのかを観察できたのは、たくさんの試行錯誤と、進んで研究に参加してくれた人たちのおかげだ。同時に、人々にハートに意識をフォーカスし、感謝と思いやりのような温かいポジティブな気持ちを持つようにすると良いというドックからのアドバイスがあったからだ。私たちはこの発見をアメリカの心臓学会誌「The American Journal of Cardiology」に発表することができた。私たちの知る限り、感情状態がＨＲＶパターンに関連するという研究論文はこれが史上初のものである。

もう一つの重要な観察結果は、心拍リズムのパターンが心拍数（１分間の鼓動数）には影響されないことだった。実際に、心拍数が高くても低くても、ＨＲＶパターンはコヒーランスにも反コヒーランスにもなるのだ。言い換えると、心拍数そのものではなく、変化する鼓動と鼓動間の心拍数パターンやリズムが、私たちの感情状態と脳を含む体内システム（諸器官系）の働きを反映しているのだ。これは、生理学的な視点から見ると、ハートコヒーランス状態は単に心拍数を下げるだけで、コヒーランスなリズムはリラクゼーション状態とは基本的に異なるということだ。

HRVがハートコヒーランスパターンを示すときは、高次脳中枢のニューロン間のコミュニケーションと、自律神経系の2つの神経枝で起きる活動の同期が高まっていることが反映される。

次ページの図の上部にあるように、HRVパターンが不規則で乱れているときの心拍は、非コヒーランス波形と呼ばれる。人々が、愛や感謝、思いやりといった真摯な感情を持つときは、心拍リズムパターンは自然とよりコヒーランスになることを発見した。その反対に、不安や怒り、恐れ、心配といったストレスの大きい感情を持つと、不規則で非コヒーランスの心拍リズムパターンが生まれた。次ページの図の下部グラフのような滑らかなサインカーブのHRVパターンはコヒーランスの波形と呼ばれる。より専門的に言うと、生理学的コヒーランス（または、ハートコヒーランス、心臓コヒーランス、あるいは共鳴と

心拍リズム（心拍変動）

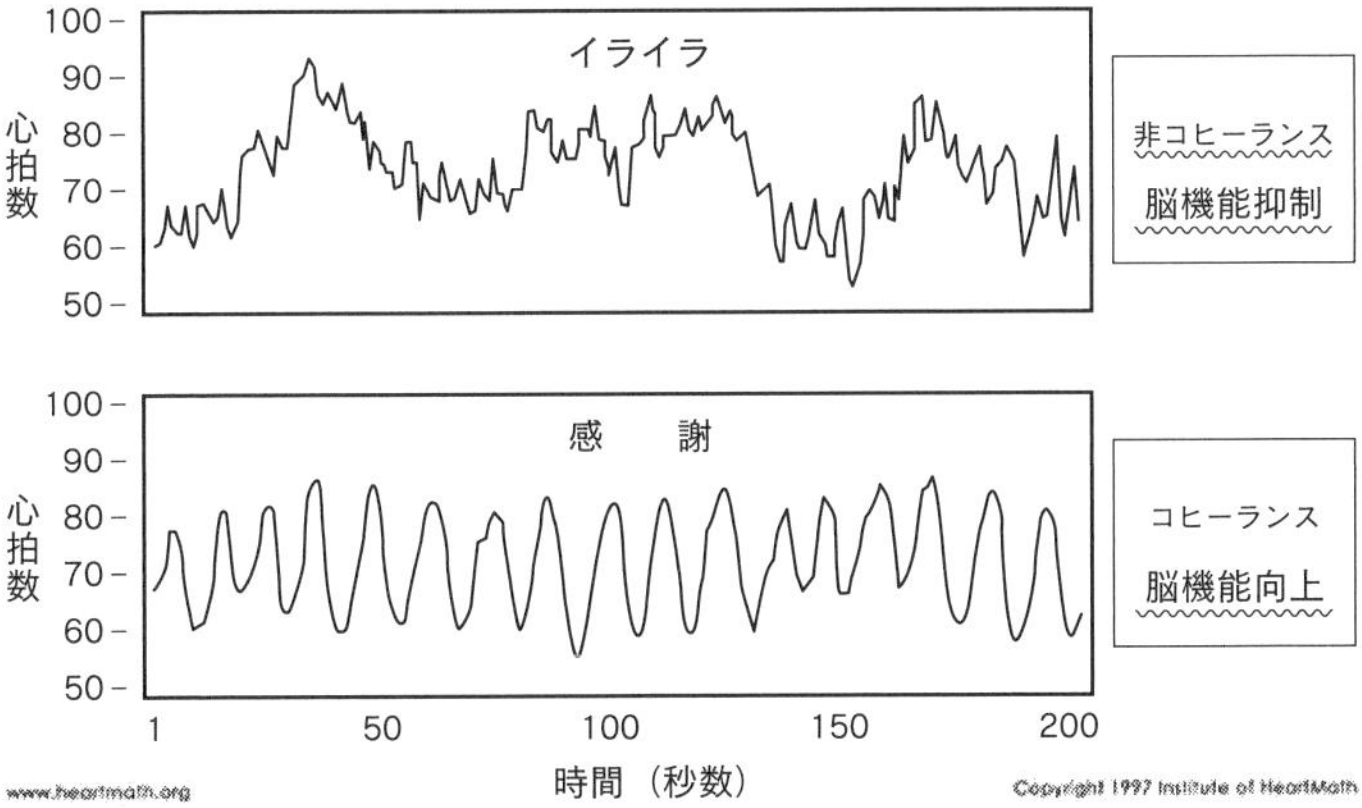

上のこの２つの心拍リズムは同一人物からわずかな時間差で記録された。不満やイライラ、不安といった感情が、非コヒーランスの心拍リズムパターン（上の部分）として示されている。同じ人がハートマスのクイックコヒーランステクニックを使って感謝の気持ちを生むと、下部に示したコヒーランスの心拍リズムパターンがすぐに現れた。一般的に、感謝や気遣い、思いやり、親切さといった感情になると、よりコヒーランスの心拍リズムがもたらされやすくなる。

も呼ばれる）とは、HRVパターンがよりサイン波形になり、0・1ヘルツ（10秒間のリズム）付近の振動数で振動しているときのことだ。それは心臓と脳の間のコミュニケーションシステムの自然共鳴振動数である。

コヒーランスの利点

引き続く研究から、私たちがよりコヒーランスの状態にあると、たくさんの良いことが身体の中で起きることがわかった。このようなハートコヒーランス状態に2分間いることで、高血圧の人たちの血圧が平均で10ポイント減少することが発見されている。コヒーランス状態の間に、心理的・感情的活動の流れから生まれる内面の〝雑音〟が明瞭に静まる経験をする。統一や調和だけでなく、ハートの直観的感情や内面からの声とつながるという深い感覚を持つ。

感情が動転すると、あとで後悔するようなことをよく言ったりしてしまったりすることがある。これは、不安や心配、恐れといった感情が神経系と脳に一種の非コヒーランス状態を生み、その結果として、いわゆる「皮質阻害（cortical inhibition）」になるからだ。そうなると、高部位の思考機能がオフラインになって、先を見通す能力が失われてしまう。

多くの研究により、私たちはそのときそのときの反応を「自分でコントロールできる」ことが明らかになっている。私たちは、自分の思考や感情をうまく自己制御できるようになり、ストレスの原因となる多くの反応を抑え、防ぐことができるのだ。私たちは意図的にこのハートコヒーランス状態にシフトする方法を学ぶことで、つい興奮してしまうときでもこれをできるようになる。そして心臓と脳との間に同期が生まれることで、「大脳皮質活性化（cortical facilitation）」がもたらされ、精神的な明晰さと直観的に見極める高次の能力が高められる。これがハート知性だ。

心拍リズムのコヒーランスを高めると、感情的な柔軟性と順応性、記憶力、集中力も高まるという研究結果がある。心理的・感情的なエネルギー消費と反応を自己調整するスキルをさらに身につけることで、レジリエンス（柔軟性）を高め、比較的早く心身が健康になる。心拍リズムコヒーランスを増大するためにできる簡単な自己調整テクニックは、クイックコヒーランステクニックと呼ばれている。この、1分間心臓にフォーカスする呼吸法と感情をシフトするテクニックが、困難な状況から素早く立ち直る効果が非常に高かったことが多く報告されている。あなた自身がトライして、あなたが科学者になってほしい。

クイックコヒーランステクニック

ステップ1：心臓のあたりに意識を集中させる。心臓か胸のあたりから息を普段より多少ゆっくり、深く、吸ったり吐いたりすることを想像する。

アドバイス：5秒間吸って、5秒間吐く（または気持ち良いリズムで）。心臓のあたりに意識を集中させると集中力が増し、コヒーランスになる助けとなる。

ステップ2：心臓に集中する呼吸（ハートフォーカス呼吸）を続けながら、人生で誰かや何かに対する感謝や配慮など、再生的な感情を経験しようと心から試みる。

アドバイス：愛する人やペット、自然の中で過ごした時間、特別な場所、達成したことなどに対して抱く感情を再体験してみたり、穏やかさや安らぎを感じたりすることに意識を向けてみる。

新しいベースライン（基準）の構築

感情の処理に関わる扁桃体と呼ばれる重要な脳中枢に心臓と直接つながる神経経路がある。実際に、扁桃体の中核にある細胞は心拍とシンクロ（同期）している。言い換えると、心拍リズムパターンが私たちの感情の状態を決定するのに役立つ重要な情報を扁桃体に知らせている。非コヒーランスの心拍リズムパターンは、扁桃体によって怒りや不安といったストレスのある感情として解釈されるが、コヒーランスのリズムパターンは扁桃体によってすべて大丈夫と解釈される。しかし、このプロセスが働くためには、心臓からの入力信号を比較する基準となるベースラインが扁桃体に必要である。例えば、もしあなたがいつも不安を抱えていたら、その不安は慣れ親しんだパターン（ベースライン）になって正常だと感知されてしまうだろう。こうしてストレスのある習慣が作られるのだ。

しかし、すぐ引き起こされる反応や怒り、不安、非難といったお馴染みの非生産的な感情パターンは、ハートコヒーランス状態になる練習によって再プログラムすることができる。意識的にこの状態にすることで、新しい有益なパターンを細胞レベルでより多く受け入れられるようになる。これはコヒーランスが心臓や脳（mind）、感情、神経系の間にバランスのとれた同期をもたらすからだ。

より健康的で新しいベースラインのパターンをもっと早く作るために、ハートメディテーションの中で行うというように、コヒーランスを長時間維持することも学べる。これによって、古くて効力のない感情パターンに取って代わる新しい内面的な基準や設定値を作ることができる。新しいベースラインを作らずに、望むような精神的・感情的変化や行動の変化を持続することはほとんど不可能だ。心臓と脳、感情の間の調和したコヒーランスを増大させることが、より高い潜在能力にアクセスし、本当の自分の姿を取り戻すことを妨げている非効率な行動パターンと習慣を変える能力を高める。

コヒーランスフィードバックテクノロジーへのサポート

私たちはまた、リアルタイムでHRVパターンを見られるようにすることで、不満やイライラといった感情が神経系の活動にどのように影響するか、そしてその方法を一旦知ればどのように早くコヒーランス状態にシフトできるかを示す、強力なデモンストレーションを発見した。この研究成果を発表してまもなく、病院や学校、企業で研修を行うハートマス研究所のスタッフから、研修の中に「HRVのライブデモ」を取り入れたいという声が上がった。このライブデモは大ヒットした。しかし、その装置は使い方が厄介で、電極を被験者の胸に固定しなければならず、トレーナーたちがこのいささか高額なハートマス研究所の装置を研修の場所まで運ぶために、特別にクッションパッドの入ったケースが必要だった。

ハートマステクニックを使ってコヒーランス状態にシフトする前後の心拍リズムパターンの変化を確認できることは、被験者たちのほとんどに「あ、そうか！」と思わせ、コヒーランステクニックの学びと練習を促進させられることが明らかになった。そこで私たちは、誰でも日常生活で使えるような安価なＨＲＶコヒーランスフィードバック装置を開発できるかどうかを検討することにした。そのためには、コヒーランスと非コヒーランス状態を定量化または測定する方法を開発する必要があった。それにはしばらく時間が掛かったが、結果としてさまざまなレベルのコヒーランスを評価することができるようになった。これは使いやすいコヒーランストレーニング装置をデザインするための重要なステップになった。私たちはソフトウェア開発チームとハードウェア開発チームと協力して、１９９２年にユーザーが使いやすい史上初のＨＲＶフィードバック装置を作ることができた。これはトレーニングプログラムの中で教えているフリーザーフレームテクニックにちなんで、フリーザーフレーマーと呼ばれた。

ティーンエージャーや大人にもコヒーランストレーニングをもっと楽しく面白く行ってもらえるように、ユーザーの感情状態やコヒーランスレベルによって変化するいくつかの簡単で短いインタラクティブなゲームを、ドック・チルドリーの指導によって開発した。当時は、私たちが新しい産業になることを始めているとは思いもしなかった。初めの頃は、

「このようなコンピュータソフトウェアとセンサーを買う人などいるのだろうか」と疑問に思っていた。でも幸いなことに、フリーザーフレーマーは、バイオフィードバック（生体自己制御）産業や、多くの医療専門家、ビジネス経営者、ゴルファー、そしてさらに教育用に求める教師たちからすぐに受け入れられた。数年後、この装置はエムウェーブという名称に変わり、携帯用のバージョンも開発された。最近では、iOS機種（iPhone, iPod, iPad）のモバイルデバイス用のインナーバランストレーナーアプリやグローバルコヒーランスアプリなどのセンサーが開発されている。

今では、ハートマス研究所のコヒーランスセンサーとアプリは、心拍リズムコヒーランスを高めるハートマステクニックや他のテクニックを練習するときのトレーニングツールとして、何十万の人々に利用されている。リアルタイムのフィードバックは、コヒーランスをより長く持続させ、コヒーランスな状態の日常活動への〝持ち越し効果（carryover effect）〟を高めることが明らかにされている。コヒーランスを持続させることは、心拍リズムをよりコヒーランスで共鳴する状態に段階的にリセットすることであり、健康的な新しいベースラインを構築するプロセスを促進させるのだ。

メディテーションにこのテクノロジーを使っている多くの人は、コヒーランスレベルのフィードバックが迅速に瞑想状態に入る助けになると知らせてくれ、ハートコヒーランス状態に戻ることができると私に報告してくれている。コヒーランスのフィードバックは、心理的・感情的な振動速度（vibratory rate）を遅くすることで、内的なシステムがより同期して作用し、これによってハートの直観的導きによって強いつながりが持てる方法を学ぶのに特に役立つことを私は見出した。

コヒーランスなハートのパワー――コヒーランスは周囲をも健やかにする――

ほんの数分間のハートコヒーランスには大きな見返りがある。これまで述べたように、コヒーランス状態には持ち越し（キャリーオーバー）効果がある。これは、重要な会議や、家族、顧客、同僚との厄介な会話といった、よくあるストレスの多い状況に関わる前に、深いハートコヒーランス状態に数分間とどまっていることで、私たちが内的バランスと落ち着きをさらに持続できるようになるということだ。

ハートコヒーランス状態で静かに座っていると、時々何も大したことは起きていないように感じるかもしれない。しかし、生理学的視点から見ると、たくさんのことが起きている。神経系はより同期し、ホルモン系と免疫系はバランスを取り戻し、思考（マインド）と感情がより精神（スピリット）とつながっているのだ。このすべての内的な再調整がシステム全体のレジリエンスを増大させる。

個人的なハートコヒーランスのベースラインを高めることは、家族や同僚、友人など周囲の多くの人々が恩恵を受けることにもなる。私たちの研究から、ハートコヒーランスは休止状態ではないことがわかっている。それは、たくさんの役に立つ方法で他の人々に手を差し伸べ、影響し、サポートし、さらに社会的（ソーシャル）コヒーランスまで広がる。個人的そして集合的に、健全なハートコヒーランスのベースラインを構築することは、人々により直観的なつながりと流れをもたらし、私たちが望む行動変化を促し、個人的および社会的な課題への新しい解決法を可能にする。

第10章

ソーシャルコヒーランス――調和する社会を創る――

ハワード・マーティン

私がまだ若かった1970年代の頃、北ヴァージニアからワシントンDCに車で向かっていたとき、周りには高層アパートが何マイルも並んでいた。私はその中に住んでいる人たちを想像し、不思議に思った。どうしたら、これほど多くの大人や子どもたちが、それぞれ抱える個人的・社会的問題を解決するために必要な新しい意識や考え方を身につけることができるだろう？　どうしたら、私たちは皆、仲良くやっていけるだろうか？　そして、どうしたら分離を生むことなく、違いを許容できるだろうか？

また、〝実社会の苦難〟を通じて、成長とともに互いの違いをより受け入れることができるようになる人もいる。しかし、このような成長プロセスは、私たちの世界が今直面している課題の増加に対応するには遅過ぎる。私は、ビルの林立する場所を通過しながら、こうも考えた。**もし、一人ひとりの変化が、私たち全員が現実を共同創造するために引き出している意識的なエネルギーフィールドに貢献しているとしたら、私たちがそのエネルギーフィールドに積極的に貢献することで、他の人たちがよりポジティブに変化しやすくなる方法があるとしたら、どうだろう？**　当時、私は自分の感覚が正しいかどうかを確かめるための科学的な知識を持っていなかったが、今ではいくらでも必要な知識を引き出すことができる。

エネルギーフィールド（場）

それから20年後の1996年、ハートマス研究所の研究者たちは、個人が心拍コヒーランス状態にあるとき、その心臓がよりコヒーランスな電磁信号を環境に放射し、それが他の人々や動物の神経系にさえも検知されて影響を与えることを発見した。心臓が体内で最も強い磁場を発生させ、その強さは脳が発生させる磁場の約100倍であることを知っても驚きはしなかった。このエネルギー場は、高感度磁力計を使えば、身体から数フィートの距離まで検出することができる。心臓の電磁場は、私たちがボディランゲージや他の要因とは無関係に、他人の存在や感情の状態をどのように〝感じ〟、あるいは感知できるかについて、もっともらしいメカニズムを提供する。

後日、心拍コヒーランスの訓練を受けた人が、近くにいるが触れていない他の人のコヒーランスをエネルギー的に高めることができるかどうかを調べたとき、私はそれを確認することができた。この研究では、訓練を受けていない参加者のハートコヒーランスは、コヒーランスになっている他の人によって確かに促進されることがわかった。また、人々の間で心拍が同期していること、つまりソーシャルコヒーランスと呼ばれるものの証拠も得られた。以下は、その研究の簡単な要約である。

40人の参加者は4人ずつ10グループに分けられ、テーブルを囲んで座った。彼らは全員、心拍リズムのコヒーランスレベルを同時に測定する機器に接続されていた。参加者のうち3人はハートロックインテクニックの訓練を受けており、訓練を受けていない4人目にはわからないように、コヒーランス状態になるように指示された。全体として、ハートロックインテクニックのトレーニングを受けた3人の参加者のコヒーランスな振動エネルギーが増加すると、トレーニングを受けていない人たちのコヒーランスレベルも、よりコヒーランスなフィールド環境にいるだけで、測定可能なほど増加した。それはまるで、訓練を受けていない被験者がエネルギー的にハートコヒーランスに引き上げられたかのようであった。さらに、心拍の同期と参加者間の感情的な結びつきの感覚には、統計的な関係が見られた。

よりコヒーランスな社会へ――調和のとれた関係を作るための方法――

社会科学の用語では、ソーシャルコヒーランスとは、エネルギーとコミュニケーションの効率的な流れを可能にする、安定した調和のとれた関係性のことであるとされている。そしてこれは、個人間の関係性のネットワークが存在する家族やグループ、または組織で育まれる。ソーシャルコヒーランスを保つには、グループのメンバーが同調し、感情を一致させること、そして、他者からの脅威や力ではなく、配慮によってグループのエネルギーを調節することが必要だ。例えば、コヒーランス状態のチームでは、グループの意図と目的を共有する中でつながりと共鳴を維持しながら、一人ひとりがそれぞれの役割を担い、目標に向かって前進する自由がある。

最近、多くの研究者がエネルギー的社会力学（energetic social dynamics）を理解することに関心を寄せている。社会学者のレイモンド・ブラッドリーは、神経科学者の故カール・プリブラムと共同で、ほとんどのグループに共通する社会組織のパターンを説明するために、ソーシャルコミュニケーションの一般理論を開発した。ブラッドリーとプリブラムは、高度に機能しているグループの多くには、事実上すべてのメンバーが相互につながるグローバルな組織と、感情的なエネルギー的関係のコヒーランスのネットワークがあることを発見した。彼らは、システムをよりコヒーランスモードに移行させるためにはポジティブなエネルギーが必要であり、安定したコヒーランスグループを作るための鍵は、ポジティブな感情を高め、そのグループに属する個人内および個人間のネガティブな感情からの緊張や対人的対立、その他のストレス要因を発散させることに関係することを発見した。

グループ内の個人の間にエネルギー場が形成されると、それによってお互いのコミュニケーションが起きるという証拠が相次いで示されている。言い換えると、メンバー全員をつなぐ、文字どおりのグループのエネルギーフィールド（場）ができるのだ。グループ（スポーツチーム、職場、教室、ソーシャルグループなど）のより多くのメンバーがハートコヒーランスを高めると、グループ全体のソーシャルコヒーランスが高まり、グループの目標をより協調的かつ効果的に達成できるようになる。

バージニア大学のレイン・ベクルズ博士とジェームズ・コーン博士は、『ソーシャルベースライン理論：感情における社会的近接（Social Proximity）の役割と行動の経済』という論文の中で、人々が感情的につながることで得られるメリットについて書いている。彼らの研究のある部分に私は特に惹かれた。それは、私たちがお互いの見方に与えるエネルギー的な影響力についてだった。彼らはこう書いている。

「脳は、エネルギー使用を効率的にコントロールするために意思決定にバイアスを持たせる方法で感覚的知覚を修正する。例えば、重いバックパックを背負っていると距離が遠く感じられ、登り坂がさらに急坂に見える。シュナルとハーバー、ステファナチ、プロフィットによる最近の研究によると、参加者は友人と一緒だと丘の勾配がよりなだらかに感じると判断された。さらに、この効果は友人関係の長さによって調整され、友人関係が長ければ長いほど、坂はよりなだらかになることがわかった」

要するに、感情のつながりが深ければ深いほど、丘を歩いて登るときの坂道はそれほど険しくなく感じるようになる。私は自分の人生でこれは本当だと発見した。週末になると、私は友人たちとサンタクルス山系にハイキングに行く。私一人だと、山はより高く、ハイキングがよりきつく感じるのだ。ここから私が学んだことは、ハートに根ざした人間関係を育てることで、人生がもっと楽になり、目標を達成しやすくなるということだ。

「ネガティブなソーシャルコヒーランスはどうなのだろうか？　狂信的なグループや運動には、人々を支配したり、自分たちの信条を人々に押し付けようとしたりする感情的な共鳴がたくさんあるのではないか？」と思う人がいるかもしれない。グループの感情的つながりが、他の人々に精神的・感情的・身体的な危害を加えようという欲求から動機づけられている場合、彼らは低い波動エネルギーの意図に共鳴しているのであって、そこにはハートの分別力（inclusive care）がない。ハートの知性はそもそも差別なく誰でも受け入れる。またハートコヒーランスは、思いやりと、他の人たちがより可能性を伸ばせる助けをしたいという願望を生む脳の中枢を活性化させる。ソーシャルコヒーランスは、個人とグループのエネルギー場の波動率を高める〝集合的知性〟を可能にするのだ。

ＭＩＴスローン・マネージメント学部のＣ・オットー・シャーマー教授は、グループがより高い次元の調和と質に向かって進化するとき、〝集合的知性〟はエゴシステムからエコシステムへ移行すると説明している。彼は、人々が仲良く一緒に働くための能力として〝Ｕ理論〟を提唱している。Ｕ理論研究者のジョセフ・ジャウォスキーとジェーン・コルベットは、これがハートに根ざした気づきのツールを実践することによって深められることを見出した。コルベットは「集合的知性は急速に活性化できるので、これまで行き詰まっていた状況でも、洞察を共有し、将来の可能性を具体化することで、変化のモデル作りや定着化に巧みな行動を起こすことができる」と書いている。

現代社会では、人々が基本的に民主的で協調的なところでは、〝表面上〟の調和が保たれていることがよくある。もちろんこれは大事なことであり、これによって秩序ある国際社会が作られている。しかしほとんどのグループでは、大きい小さいにかかわらず、たいがいの人々はお互いに、あるいは他のグループに、不安や批判、不満、偏見、先入観を持っているのは当然である。このような感情は、口に出しても出さなくても、エネルギー的に伝達され、分離や〝閉ざされた心〟を生み、結果として誤解を招いたり、人間関係のトラブルになったりし、そしてお互いにうまくいかなくなる。

ソーシャルコヒーランスは一部のグループで高まっており、惑星の変化が加速している今、これまで以上に必要とされている。しかし、より多くの人々が一斉に心を開くには、しばしば重大な出来事が必要だ。

例えば、悲劇が起きたあとにソーシャルコヒーランスが高まることはよくある。自然災害のような出来事には、人々の心を開き、人々を団結させ、互いの違いを越えて協力し合い、コミュニティのために働くように導く傾向がある。しかし、時間が経ち、平穏な日常が戻ってくると、人々は慣れ親しんだ日常業務に戻り、劇的な出来事によって盛り上がったコミュニティの精神は通常薄れていく。しかし、多くの人々が、ともに成し遂げたことや、築き上げた友情と絆には驚かされる。

〝雁の教訓〟

一緒に働くのを学ぶことで得られるメリットについて、ある例えを紹介したいと思う。皆さんは、雁が編隊を組んで飛んでいるのを見たことがあると思う。美しい光景だが、雁たちには目的がある。一羽一羽が羽ばたくことで、あとに続く鳥たちに高揚感を与えているのだ。編隊飛行をすることで、群れ全体の飛距離は、1羽が単独で飛ぶ場合よりも70％も長くなる。このように飛ぶことがより効率的なので、雁は隊列から外れると、急に単独で飛ぶことの重荷と抵抗を感じて、すぐに隊列に戻る。

この効率を生み出すもう一つの重要なカギがここにある。雁は互いに助け合う努力をしているのだ。

先頭の雁が疲れたら隊列の中に入り、別の雁が先頭のポジションになって飛ぶのだ。編隊を組んで飛んでいる雁は、クラクションを鳴らして前方の雁を励まし、そのスピードを維持する。また、1羽の雁が病気になって隊列を離れると、2羽の雁が隊列から離れて、その雁を守るために後を追いかける。そして、その雁が飛べるようになるまで付き添い、その後、別の隊列に加わるか、群れに追いつくようにするのだ。

この雁の絶妙なソーシャルコヒーランスの自然な行動から、私たちが学べることはたくさんある。つまりは、人々の集団がソーシャルコヒーランスを高める努力をすることで、その集団のエネルギーの勢いは、社会の再構築に向けて、前向きな進化的変化を加速させるのだ。

ソーシャルコヒーランスの出現

ソーシャルコヒーランスが生まれつつあることを示す兆候として、今日、一部の大手ブランドがマーケティングの焦点を自社への貢献から世界に向けた積極的な貢献に移しつつあることが挙げられる。多くの企業は、より目的志向になり、社会的な活動を採用するようになっているが、それは多くの顧客がそれを求めているからである。ミレニアル（新世紀）世代や若い世代にとって、企業が社会をより良くするために貢献することはますます重要になっている。私たちは皆、このような意識の高まりからの恩恵を受ける立場にある。

もちろん、まだまだやるべきことはたくさんあるが、私たちは一部の企業が採用しているステップをありがたく評価し、同様に個人の行動を向上させるために採用している努力も私たち自身にとって感謝する必要がある。

また、今日の職場環境では、よりハートフルなビジネスアプローチを身につけることが従業員にとって重要になってきている。恐怖やストレスの中で働くよりも、配慮や感謝、協力といった雰囲気の中で働くほうが、人々やチームの業績が良くなり、会社のバランスシートも良くなることが徐々に受け入れられてきている。多くの労働者が、自分の本当の姿はもっと他にあるのだと感じている。多くの人々が職を失い、在宅勤務を余儀なくされ、自分の人生で何を大切にし、何をしたいのかを考え直す時間があったパンデミック以降、この感覚は高まってきている。これまでの自分と新しい自分との違いを認識し、自分のハートに従って生きたいと思っている。スティーブ・ジョブズが癌と診断された直後、卒業式のスピーチで次のように述べている。「自分のハートと直観に従う勇気を持ちなさい。それらは、あなたが本当になりたいものをすでに知っているのです。他のことはすべて二の次なのです」

現代は特異な時代だ。私たちは新しい開放性と革新性を経験している。しかし、組織構造の多くの面が非常な機能不全になっている。その影響は、医療費の高騰や欠勤の増加、仕事への不満、判断ミスなどに現れ、数値化されている。多くの組織のリーダーたちにとって、現状からあるべき望む姿に到達するための方法を見出すことが難しくなっている。

組織においてハートコヒーランスを高めると、感情的な自己管理の向上や、より確かなコミュニケーション、ミスの減少、エネルギーと生産性の向上、創造性と直観の向上、より良い意思決定など、直接的かつ実用的なメリットが得られる。人々が内なるバランスと温かさを持って動き、流れ、思いやりと気遣いで互いに接する職場環境は、1日8時間以上を過ごす場所として、より満足度の高いものとなるだろう。高速で変化し、常につながっている今日の世界では、リーダーも従業員も、潜在能力を最大限に発揮するために、以前にも増してスマートなハートを持ち、直感的に行動することが必要である。これを私たちは「ビジネスハート」と呼んでいる。ビジネスハートを持つリーダーには、強いハートと明晰な頭脳の両方が不可欠である。

ギャラップ社の会長兼CEOであるジェームズ・K・クリフトンは「成功する組織は人間の感情のパワーを利用することで持続的な成長を築く学びができる」と報告している。彼は「企業は人間の性質を管理し、人間の潜在能力を引き出すための新しい方法を発見する必要がある」と言う。そのためには、ハートがもたらす人間の感情をより慎重に理解することが必要だ。

ハートマスコヒーランストレーニングは、個人やチームが感情の自己調整スキルを身につけ、ハートの直観的な知性にアクセスできるように設計されており、健康やパフォーマンスに強い即効性が期待できる。ハートやマインド、感情をコヒーランスにすることを学ぶと、より良い判断や創造性の向上、その他多くの個人や組織が望むパフォーマンス上の利点が得られる。研修プログラムの効果を判定するために行われる事前・事後の個人・組織の資質評価（ＰＯＱＡ）では、個人とソーシャル（チーム）のコヒーランスを高めることで、個人と集団の機能がより高いレベルになり、より健全な文化が促進されることが検証されている。

コヒーランスチームの力学

ハートマス研究所では、30年以上にわたって、コヒーランスのチーム作りのための効果的なプラクティスを多数検証し、研修に活用している。チームメンバーそれぞれが自分のエネルギーに責任を持てば持つほど、コヒーランスのチームワークの原則が実際に機能する機会が増えることがわかっている。ハートマス研究所の会社内では、会議の最初に、第9章のクイックコヒーランスか、199ページのシフトアンドドリフト（Shift and LiftTM）のどちらかのコヒーランステクニックを行っている。会議中に議論が噛み合わなかったり、対立が生じたりした場合は、このテクニックを使ってリセットする。これは、特に重要な問題やデリケートな問題について話すときに、実用的なエネルギーのメンテナンスになるからだ。

ここでは、私たちが大切にしている3つの原則をご紹介する。

1. 会議の開始時や必要に応じて、コヒーランステクニックを出席者全員が一緒に使い、チームのエネルギーをリセットして、より深い傾聴とより良いコミュニケーションを実現する。
2. 意見や背景、文化、性別など、さまざまな違いを尊重する。コヒーランステクニックを使って、批判的な反応を、他者や自分に対する思いやりのある寛容さに置き換える。
3. 弱さや新しいアイデア、間違いを認めることなどと話し、質問に対してオープンな安全な環境を確立する。

重要なのは、メンバーがジャッジすることなく、お互いの話に深く耳を傾けることである。これにより、チーム内に心理的・論理的な安全性と誠実なコミュニケーションを促すトーン（空気）やバイブレーションが生まれ、よりコヒーランスのエネルギーに満ちた環境が生まれ、コミュニケーションや創造的な解決策をより容易に話せ、そして会議を進めやすくすることができる。

ここでは、「シフト&リフトテクニック」を紹介する。ハートマス研究所のトレーナーたちは、このチームビルディングのテクニックが、分離の感情を解放し、多様な背景や生き方を持つ人々の間にコヒーランスを築くのに非常に有効であることを発見した。ソーシャルコヒーランスを築くための、尊厳や尊敬、深い傾聴をサポートするのに役立つからである。

シフト&リフトテクニック

ステップ1：ハートフォーカス呼吸によって、心臓のあたりに意識を集中する。呼吸が心臓や胸のあたりを出入りしているかのように想像し、いつもより少しゆっくり、深く呼吸する。心地良いリズムを見つけよう。

ステップ2：優しさや感謝、真のつながりの感情、そして深い傾聴の態度を活性化させる。

アドバイス：もしあなたがハートのフィーリングとつながることができないなら、誰かと深いつながりを感じたときを思い出してみる。それも難しい場合は、ただ何かに感謝する呼吸をしばらく行って、あなたの波動エネルギーを上げ、エネルギーを落ち着かせるようにする。

ステップ3：これらのハートの資質を放射して自分の波動エネルギーを高め、あなたを取り囲む環境のエネルギー場を高める手助けをする。

以下は、さまざまな業界で実施された1万4000件以上の心理測定POQAアセスメントの事前・事後結果から、個人、チーム、組織が個人のコヒーランスとソーシャルコヒーランスを優先させた場合の可能性を示すものだ。これらの事前・事後アセスメントにより、精神的・感情的ストレス、身体的ストレス症状、組織の福利厚生や生産性との間に一貫した因果関係があることが明らかになった。

グローバル企業5社——コヒーランスがもたらした劇的な効果

欧米の5つのグローバル企業で実施された大規模な調査では、コヒーランストレーニングによって、個人と職場のコヒーランスに大きな成果が得られた。5700人以上を対象とした事前・事後の心理評価による複合データによると、わずか6〜9週間で、ハートマスコヒーランスツールを実践することで、これらの症状が「よくある」または「いつもある」と答えた人たちに以下の平均的な結果がもたらされた。

疲労44%減、不安52%減、怒り60%減、うつ60%減、睡眠33%改善。

また、これらの症状が「よくある」から「いつもある」と回答した人の身体的な健康状態にも改善が見られた。身体の痛みは44％減少、消化不良は43％減少、心拍数は63％減少、筋肉の緊張は44％減少した。

また、一部の組織では、半年後、1年後に再度アセスメントを実施した結果、持続的な改善が見られた。

また、参加者からは、精神的に圧倒されたり、仕事を辞めたいと思うことが大幅に減少したとの報告もあった。興味深いのは、ある企業の経営者が、学んだテクニックを多くの社員は継続しない一方で、一部の社員は「その実践を継続している」と話してくれたことだ（これはどのようなトレーニングでもありうる典型的な反応であろう）。しかし、参加者全員の改善が継続し、持続していた。

また、他の会社の経営者やリーダーからは「ほんの一部の人たちの努力によって、全体のエネルギー環境の何かが変わり、他の人たちがそのポジティブな効果を得やすくなった」というコメントもあった。この興味深い発見は、ソーシャルコヒーランスの可能性を伝えるものであり、本章の冒頭で述べた研究で観察された、3人の心拍コヒーランスが、テーブルを囲む4人目の心拍コヒーランスへの無意識の移行を促進したことを裏付けると思われる。ソーシャルコヒーランスの相乗効果が期待できるということは、より健康的で思いやりのある文化を作りたいと願う組織にとっては、とても喜ばしいことだ。

ヘルスケアシステム

医療従事者は健康とコストの関係を深く認識しているため、病院や医療機関が当社のプログラムをいち早く採用していることは驚くことでもない。下のグラフは、いくつかの医療機関で働く8700人以上の医療従事者を対象にしたハートマストレーニング前後のメタ分析結果を示している。

8,793医療従事者メタ分析

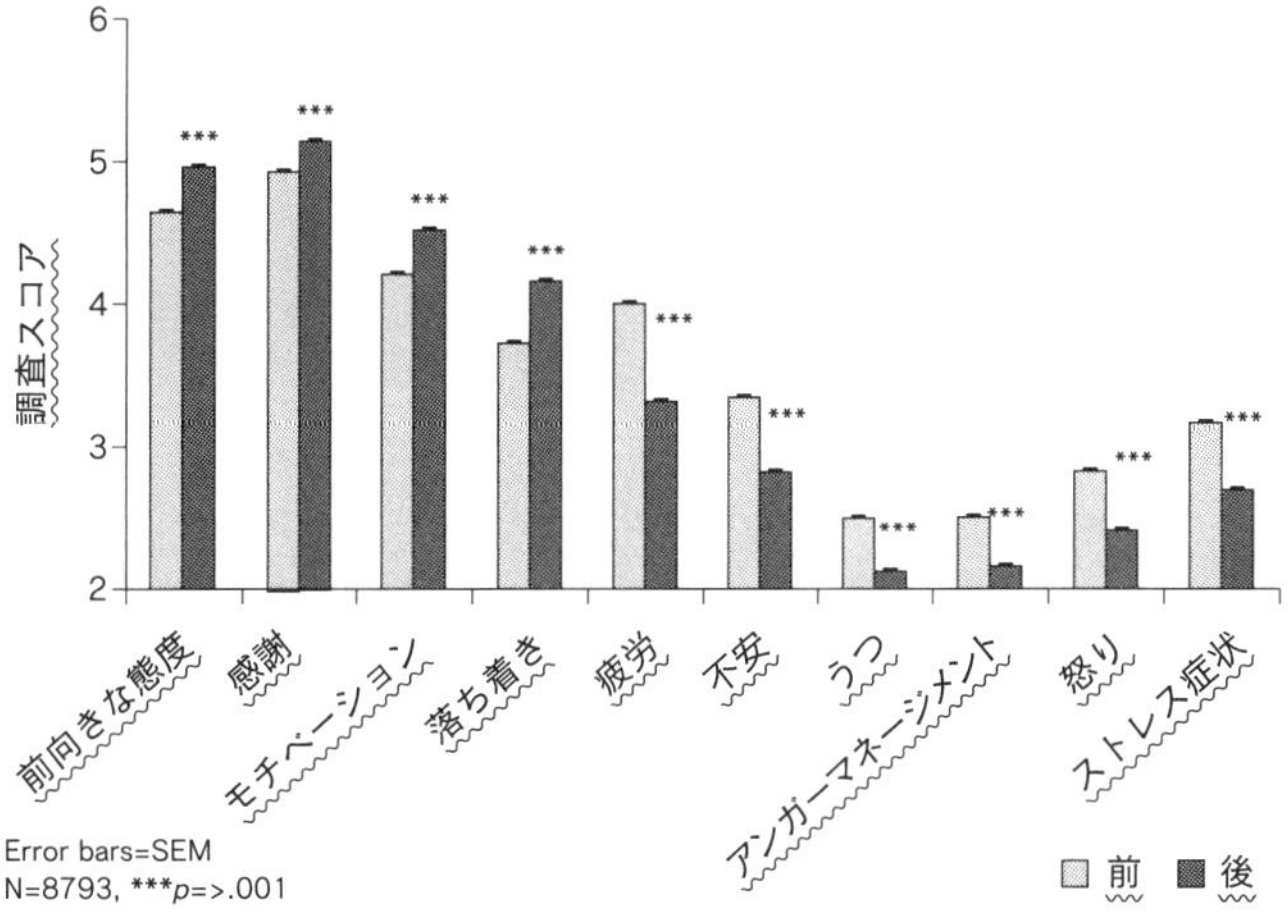

感情状態やストレス症状が統計的に有意に改善されたことに注目してほしい。

病院経営者とスタッフたちがハートマスツールを学んでストレスを変容させ、レジリエンスを向上させると同時に、より思いやりのあるカルチャーへの変換が促され、それが病院中に広まって、患者たちの満足度が向上した。以下はその一つの例だ。

オハイオ州ランカスターにあるフェアフィールドメディカルセンター（ＦＭＣ）では、職員の生活の質や患者のケアの質の向上を目指し、組織全体にハートマスツールを導入している。ＦＭＣの社会的使命である「スタッフ、患者、地域社会に貢献する優れた病院」を実現するため、ここの２０００人を超える医療従事者のチームは、ＦＭＣの患者さんとご家族に効率的で思いやりのある、安全で質の高い医療を提供するためにハートマス研究所のアプローチを導入した。

フェアフィールドメディカルセンターの看護師長でハートマス研究所認定トレーナーのシンシア・ピアサルは、どのようにこれを実施しているかについて次のように語っている。

「ストレスがあっても、いつでも、どこにいても、ただスイッチを押して、心臓から脳へ神経系を通して送られるインスタントのメッセージを変えることで、〝ストレスフリーゾーン〟に入れます。私は毎日を〝ハートロックイン〟と呼ばれるハートマステクニックで始めて、コヒーランス状態を維持し、心臓と脳の間のバランスとシンクロナイゼーションを達成し、一日に必ず経験するストレスに対してもっとレジリエンスでいられる能力を高めるようにしています。私は、すべてのミーティングを90秒のハートロックインテクニックを使って始めます。チームに結論が出ないときは、私たちの一人ひとりに2分間だけ時間をとって、いくつかの簡単なコヒーランスのステップを行ってもらって、その瞬間のエネルギー場を変えます。ミーティングが再開されると、間違いなく結論が得られます。ハートマスはこのような介護人たちの家族である、地域コミュニティをより密接に結びつけています」

もともと私たちは、コヒーランスの実践によって得られる効果は病院や組織によって異なるのではないか、あるいは職務内容によって影響が異なるのではないかと考えていた。しかし、長年にわたる研究で一貫して明らかになったのは、職種や肩書きに関係なく、ほぼすべての人が、自分自身と職場のチームがハートコヒーランスを実践することで良い結果が得られることだった。そして、職場のチームがよりコヒーランスを深めると、組織全体にも恩恵がもたらされる。

例えば、カイザー・パーマネンテ・ノーザン・カリフォルニアでは、21人の看護師長にハートマステクニックをトレーニングした。その標準検証された評価の結果、疲労や疲労消耗、不安の度合いが50％以上減少し、平和で穏やかであることが50％以上増加した。この結果、身体の痛みや筋肉の緊張、頭痛が減少し、また権力闘争や対立、仕事を辞める意思も減少した。同様の結果は、外科系医療スタッフと看護科スタッフにも現れた。ある重要な外科手術室では、コヒーランスツールを3週間実践したところ、上司との信頼関係が55％向上し、管理職とスタッフ間の緊張が36％減少したと報告された。

教育における成果

個人的なコヒーランスと社会的な（ソーシャル）コヒーランスが増大することで良い影響が見られるもう一つの分野が教育環境である。米国教育省の受託研究による比較対照試験で、約1000人の10学年生徒（日本の高校1年生）がハートコヒーランステクノロジーを含むハートマステクニックを行った結果、わずか4カ月で著しくコヒーランスベースラインが向上した。実験グループは、テストの不安を減少させ、テスト成績を向上させるための〝テストエッジ（TestEdge）〟というハートマスプログラムを教えられた。

下のグラフは、2人の生徒たちのベースラインコヒーランスの生理学的変化を示しているが、これは全体グループのトレーニング前と4カ月後の結果を反映している。これらのコヒーランスベースライン変化は、テスト不安の減少やテスト成績向上、お互いに仲良くしていく能力と相関していた。

テストエッジプログラムの前には、61%の生徒にテスト不安があり、また26%の生徒がしばしばか、いつでも高いレベルのテスト不安があると報告した。テスト不安の高い生徒たちは、テスト不安の少ない生徒たちに比べ、数学と英語の標準テスト成績が平均で15ポイント低かった。テストエ

生徒の心拍変動パターン変化の例

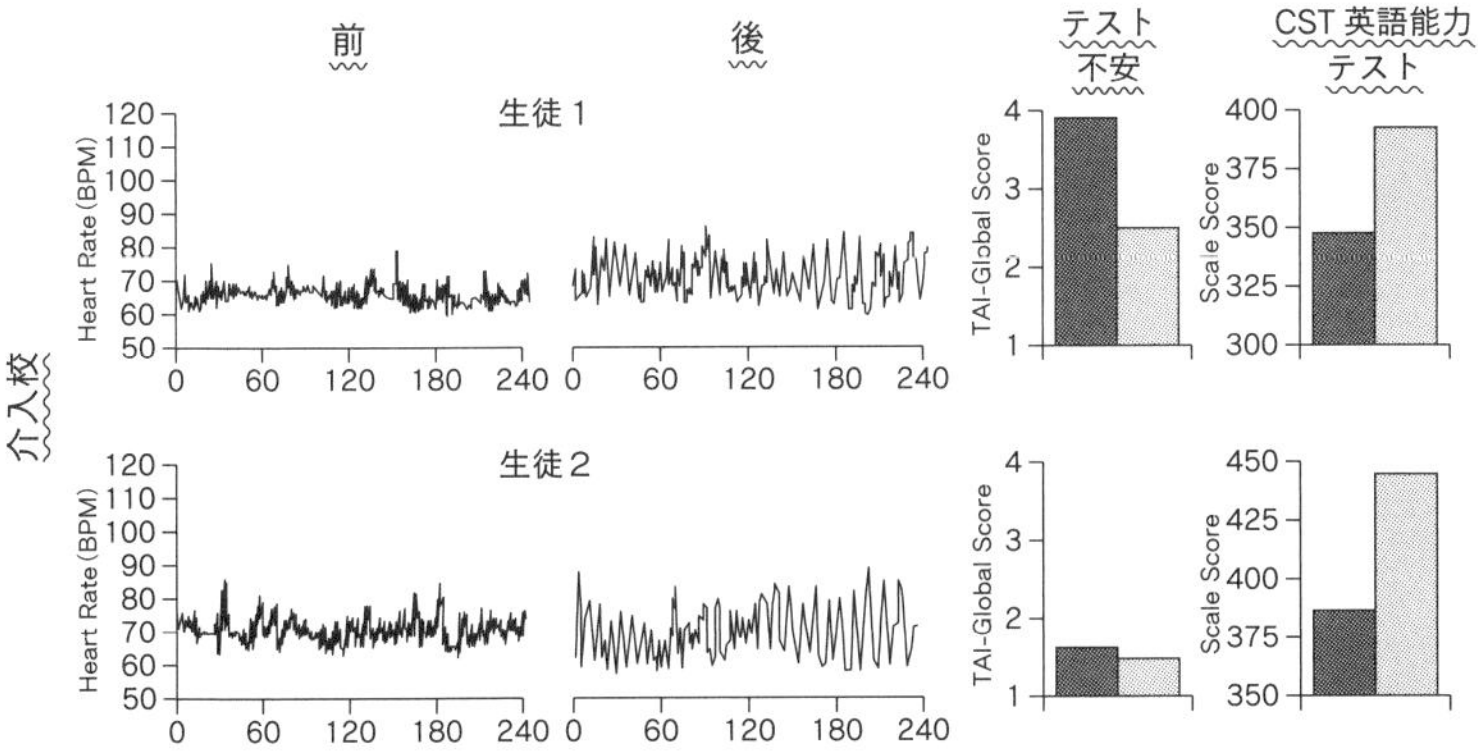

ッジプログラムの前にテスト不安があると報告した生徒のうち、この研究調査が終わるまでに75％の生徒たちのテスト不安が減少した。

ハートマステクニックのトレーニングを受けたグループにおけるテスト不安の軽減は、社会情動的・行動的な指標の改善とも相関していた。ネガティブな感情（ストレス、怒り、失望、悲しみ、落ち込み、孤独感）の減少や、感情の不一致（感情への気づきの増加と感情管理の向上を反映する）、相互作用的課題の減少（共感の増加と他者との関係の向上を反映する）である。さらに、肯定的な授業体験（授業が楽しくなった、クラスメートへの好感、教師の気遣いを反映）の増加も見られた。さらに、学力テストの点数についても、対照群に比べ、ハートマステクニックトレーニング群では平均10～25点の有意な上昇が見られた。

この研究結果を見て最も感動したのは、テストの点数が向上しただけでなく、社会性と情動の学習とポジティブな行動に変化が見られたことだ。子どもたちに感情の自己調整スキルや、より仲良くなるためのハートコヒーレンスツールを教えることは、これらの若者の生涯に役立つことだろう。

ソーシャルコヒーランス社会の創造――分断される世界に求められるスキル

ハートのつながりが増えているのは、世界中の人々がそれを切望しているからだ。皆のために働かない社会システム、分離と二極化に焦点を当てた信念体系、その他現状を維持する多くのパラダイムなどの、古いやり方にうんざりしている。

また、政治的偏向や、メディアの誤まった報道、気候変動、人種的不公平、ウイルス、戦争など、今日の世界には実に多くの競合する議題が存在することも事実だ。人間は互いに痛みやトラウマを与え合い続けている。これは何も新しいことではないが、グローバルな通信システムによって、世界の問題はしばしば全面的に表に出てきている。しかし、このような混沌の中にあって、希望に満ちたニュースもたくさんある。多くの人々が、今日の世界的な集団的混乱は、配慮や協力、受容に基づく新しい意識への移行の一部であると感じ取っている。これらは、古い世界の中に新しい世界が生まれる過程なのだ。意識は変化し、人々は変わり、社会は変容し、新しい集合的知性が生まれつつある。

私たちが目にする社会の混乱から少し離れて、こんなことを考えてみてほしい。もし、もっと多くの人が、本当の自分という、人間のハートにある変革の可能性に気づいたらどうだろう。ハートについて感じたことは本当のことであり、スピリチュアルな言葉や哲学的な言葉で語られるだけのものではないということだ。ハート知性の見分ける力とつながることで、感情をより良くコントロールし、より多くの思いやりや感謝、愛を経験し、健康や人間関係、パフォーマンスを向上させることができる。もし、より多くの人々が、マインドや感情、そしてハートの直観的な導きの間にコヒーランスの調和をもたらし、その協調のパワーを解き放って日々のやりとりをナビゲートしたらどうなるだろうか？　それは、どのようなソーシャルコヒーランスの世界なのだろう。

このような可能性について考えるとき、私は、お互いを思いやる、新しい、今までとは異なる、より良い世界が見えてくるように思う。ハートの目から見ると、これらのことがすべて実現するのが見える。

第11章 グローバルコヒーランス：地球の潜在的可能性

デボラ・ロズマン

ある朝、目が覚めて、目を開ける前に、こんな思いが私の意識の中に流れ込んできた。「世界は、できる限り多くの気遣い（ケア）と思いやりを必要としている。もし私たちが集団で、地球のエネルギー・フィールドに純粋に輝く愛を十分に注ぎ込むことができたとしたら、それは相乗効果や飛躍的なコヒーランス効果を生み出すことになるだろうか？人類の意識を変えるには、いったい何が必要なのだろう？」「私は、できる限り純粋な愛と配慮と思いやりを地球と人類に対して送っていたとき、このような考えが、朝の瞑想中も私の頭から離れないでいた。

1998年、ロジャー・ペンローズ卿がハートマス研究所で開催した〝脳機能に量子プロセスが関与しているか〟をテーマとした会議に出席した際、私は彼に「量子コヒーランスとは何ですか」と尋ねた。するとペンローズ卿は、「多数の粒子が一つの量子状態の中で集団的に協調できることだ」と答えた。これは、人間というマクロなスケールにも当てはまるのではないかと、私は思った。その後、ホー・メイワンの著書『虹と虫』（The Rainbow and the Worm／未邦訳）に、「量子コヒーランスこそが生命システムを定義するものである」と書いてあるのを読んだ。さらに彼女は「量子コヒーランスな状態は、全体的なまとまりと局所的な自由度の両方を最大化するのだ！　自然は私たちに、一見正反対に見えるものを両立させなければならない深い謎を投げかけている」とも書いている。この謎かけは、確かに私たちの世界の現状を表している。私は「自然はどのように世界をまとめると同時に、自由意志をも許容しているのだろうか？」と考えた。

前章で、ハートコヒーランス状態になって愛と思いやりを送ると、ハート（心臓）はコヒーランスの電磁波を周りの環境に発し、それが家庭や職場、教室のどこにいようと、あるいはテーブルの周りに座っていようと、ソーシャルコヒーランスをもたらすという研究結果について学んだ。より多くの人々がハートコヒーランス状態になるとエネルギー場が築かれ、他の人たちも自分自身のハートとつながりやすくなる。だから、理論的には、十分な数の人々が個人的コヒーランスとソーシャルコヒーランスを築くことで、実際にグローバルなコヒーランスを導くことも可能なはずだ。

科学は、私たちすべてが、この地球だけでなく太陽系やそれを越える範囲に存在する生命の広大なつながりの網の目の一部であることを認め始めている。このエネルギー的なつながりの中で、情報、ハートコヒーランス、共鳴が交換されている。このエネルギー的なつながりが、どのようにグローバルコヒーランスを高めることができるのかを見てみよう。

前述したように、コヒーランスという言葉は、その対象が量子であろうと、生物や人間、社会集団、惑星、銀河系であろうと、それらのシステムの内部とシステム同士が統一されたものである、秩序や構造、調和という意味を含んでいる。調和のとれた秩序とは、その最適な機能がプロセスの容易さと流れに直接関係しているコヒーランスのシステムなのである。

ハートコヒーランスという内面の状態は、多くのメディテーション（瞑想法）が（多くの場合は無意識に）達成しようとしていることだ。世界中の何千というグループや組織がさまざまな形の瞑想や祈りによって、エネルギー的により良い状況を他人にもたらす助けをしている。多くの団体が癒しによって調和のとれた世界を創造するために、シンクロナイズドメディテーションや祈り、インテンション実験などを行っている。グループや集団によるメディテーションや祈り、特定のポジティブな結果を求める意識集中（フォーカスインテンション）は、より有益で計測可能な効果をもたらすことが多くの研究から明らかにされている。

例えば、1993年にワシントンDCで行われた研究では、2500人の瞑想者が特定の期間にその意図を持って瞑想したところ、犯罪率が25％低下したことが報告されている。このことは、数千人という比較的小さなグループが、150万人という大きな集団に影響を与えることができたということだ。

そこで、このように犯罪率が低下したなら、「瞑想者の集団は、社会紛争や戦争にも影響を与えられるのではないか」という問いが投げかけられた。その実験は、1980年代のイスラエルとレバノンの戦争の最盛期に行われた。ハーバード大学のチャールズ・アレクサンダー博士とジョン・デイヴィス博士が、エルサレムとユーゴスラビア、アメリカで熟達した瞑想グループを組織し、27カ月間にわたってさまざまな間隔で瞑想と地域への意識の集中を行わせた。天候の変化やレバノン・イスラム・キリスト・ユダヤの祝日、警察の活動、グループの人数の変動など、さまざまな影響を調整したあと、この実験期間中、レバノンの暴力レベルは、これらの瞑想グループのいずれかが瞑想を実施するたびに40～80％も減少し、瞑想者の数が最も多かったときに最大の減少が生じた。この間、戦争で殺された人の数は1日平均12人から3人に減り、70％以上減少したのだ。戦争による負傷者は68％減少し、紛争の度合いも48％減少した。量子物理学者のジョン・ヘーゲリンは、この〝集団のパワー〟の研究から、「瞑想は個人のストレスを解消する効果が科学的に証明されているので、社会が個人によって構成されているなら、社会のストレスも同様に拡散するために瞑想を用いることは常識と思える」と結論付けている。

一人ひとりのエネルギーは、集合的な場の環境に影響を与える。つまり、一人ひとりの感情や意図が、フィールド（場）に影響を与えるエネルギーを生み出す。よって、グローバルな場にある社会的なストレスを緩和するためには、まず、一人ひとりが自分のエネルギーに責任を持つことが大切だ。それにより、個人のコヒーランスを高め、波動エネルギーの振動数を上げることで、私たちが日々フィールド（場）に与えている思考や感情、態度に意識を向けることができる。私たちには、自分のエネルギーを意識してコントロールすることの深い意味を〝心に留める〟ための選択肢が、あらゆる瞬間にある。これこそが、世界統一を創造する自由意志、すなわちローカル・フリーダムなのだ。

また、私たち一人ひとりが、欲求不満や心配、分離、非難などの思考や感情を、自分のシステムで管理せずに放置していることに責任がある。これらの思考や感情は、私たちの内なるリズムを非コヒーランスにし、不調和にするので、ホルモン系や免疫系、神経系を継続的（キャリーオーバー）に消耗させる。ハートコヒーランスの実践とテクノロジーは、感情的なエネルギーを素早くリセットし、調和のとれた内なるリズムに移行する手助けをしてくれる。ハートコヒーランスの実践は、私たちの波動エネルギー振動数とコヒーランスのベースラインを上げるのに役立ち、私たちの精神や心臓、脳、神経系が同期して効率良く機能するようになる。このコヒーランスの持ち越し（キャリーオーバー）効果により、私たちは何かを選択する際に、より意識的かつ直観的に行動できるようになる。気楽さに動けるようになり、機械的に反応してストレスを生み出すのではなく、自分の行動や反応を選択できるようになるのだ。

波動エネルギー速度を上げ速めることで、私たちのエネルギー的なハート（心臓）が自我（セルフ）のより深い部分とつながっているという意識が生まれる。多くの人々はこの意識を〝高次のパワー（Higher Power）〟や〝高次の能力（Higher Capacities）〟と呼び、これは物理学者デービッド・ボームが内蔵秩序と分割できない全体性（Implicate Order and undevided Wholeness）と呼んだ、情報とエネルギーの非局在的場（フィールド）に私たちをつなげる。ハートコヒーランスの状態になると、私たちはハート知性とより強力に同期し、ハート知性のソース（源）とのつながりをもたらす。

グローバルコヒーランスイニシアティブ

2008年にハートマス研究所はグローバルコヒーランスイニシアティブ（GCI）を立ち上げた。GCIは人類のハートを活性化させ、グルーバル意識へのシフトを促すための国際的な協力の取り組みだ。私はグローバルコヒーランスイニシアティブ実行委員会のメンバーとして、このビジョンに貢献できる栄誉に浴している。

GCIには3つの主な目的がある。1つ目は、人々により多くのハートコヒーランスの愛とケアと思いやりを惑星のエネルギー場に積極的に送ることで、人々のGCIへの参加を促すことだ。2つ目は、私たちがどのようにお互いと地球とにエネルギー的につながっているのかについて科学的に研究することだ。3つ目は、より早く私たち自身と地球全体の波動エネルギーを高めて、この相互のつながりをどのように利用して、より良い世界を構築できるかについてを、人々を教育することだ。

次の記述は、GCIが他の研究団体と共同で現在進めている研究のガイドラインとなる仮説である。

1．地球の磁場は、あらゆる生態系をつなげている生物学に関連する情報のキャリアである。人は誰でもこのグローバルな情報の場に影響を与えている。たくさんの人々が愛や感謝、配慮、思いやりといったハートコヒーランス状態になることで、コヒーランスのエネルギー場環境をより多くもたらし、それが他の人々のためになり、現在の惑星の不和と非コヒーランス状態を減少させる。

2．人類と地球のエネルギーと磁場系との間にはフィードバック・ループがある。地球にはいくつかの磁場ソース（源）があり、私たちすべてがその影響を受けている。これらのうちの2つは、地球の核から発生している地磁場と、地球と電離層の間にある磁場である。この2つの場が惑星全体を囲み、太陽放射線や宇宙線などの宇宙気象による有害な影響を遮断する保護シールドとして働いている。このような磁場がなければ、私たちが知っている生命は地球上に存在できない。これらは地球のダイナミックな生態系の一部なのだ。

科学者たちは地球のエネルギー場についてたくさんのことを知っているが、それでもまだ多くの謎が残っている。一つ明らかになっているのは、太陽活動と地球の磁場に起きるリズムは私たちの健康と活動に影響しているということである。膨大な数の研究が、多くの生理学的リズムとグローバルで集合的な行動が太陽と地磁気の活動とシンクロしているだけでなく、これらの場の乱れが人間の健康と行動に悪影響を及ぼす可能性があることを示している。

地球の磁場環境が攪乱《かくらん》されると、不眠症や精神錯乱、異常なエネルギー消耗、理由もなく気が立つこと、圧倒される感覚をもたらすことがある。(このことは、よく聞くことではないだろうか?)また、地球の場が安定し、ある程度の太陽活動が増加していると、ポジティブな感情が高まり、創造性とインスピレーションが増大すると報告されている。これはおそらく、人間の脳と心臓血管系と神経系が地磁気振動と共鳴して結合するためと考えられる。

地球と電離層は、0・01ヘルツから300ヘルツの振動数の範囲でシンフォニーを奏でている。これらの一部は、私たちの心臓血管（循環）系や脳、自律神経系の中で起きているものと全く同じ範囲の振動数である。これは、地球と太陽の磁場の変動がどのように私たちに影響するかを説明するのに役立つ。地球の磁場の変動が脳波と人々の心拍リズムに影響し、それによって記憶力や他の働きが変化することが示されている。影響を受けるのは運動能力や交通違反と事故の報告数、心筋梗塞と麻痺による死亡率、鬱と自殺の件数などだ。太陽活動が高まることによる地球の磁場の変化も、人間の偉大な創造性や芸術が栄えることに関連づけられている。これは、増大する太陽活動は必ずしも問題にはならず、重要なのは私たちがその高まるエネルギーにどう反応し、どううまくコントロールするかということだ。

GCIの科学者たちは、私たちの脳波と心拍リズムの振動数は地球の磁場の振動数と重なっているので、私たちは単に生物学的に関連する情報を受け取っているだけでなく、**私たちがグローバルな環境に情報を送り、実際に地球の磁場とのフィードバック・ループを創造しているのだ**。事実、人間の感情と意識が地磁気に情報をエンコード（コード化）し、このエンコードされた情報がグローバルに伝達されることを示している研究がある。地球の磁場は、あらゆる生態系と集合意識に影響するこの情報の、キャリア（搬送）波として働いている。この仮説と研究のさらなる実験のために、GCIはグローバルコヒーランスモニタリングシステム（GCMS）を作った。

グローバルコヒーランスモニタリングシステム（GCMS）

GCMSは、脳と心拍リズムを含む人間の生理学的振動数と同じ範囲で起きる磁気信号を、継続的に計測する目的で作られた超高感度磁気メーターの、世界ネットワークである。これは最初のGPS時間同期地磁気場検知器の世界ネットワークであり、太陽風や太陽風速度変化などの磁場攪乱と、そして強い感情反応を引き起こす大きな地球規模の出来事によってもたらされる磁場の共鳴と変動を追跡し、測定する。これを書いている時点で、6

カ所（北ニュージーランドとアメリカカリフォルニア州のボルダークリーク、サウジアラビアのホファフ、カナダのアルベルタ、リトアニアのバイソガラ、南アフリカのボナマンジパーク）にセンサーサイト、ある。最終的に、GCMSを約12カ所に広げる予定だ。

それぞれのセンサーサイトは継続的にデータを集積し、それによって、その磁場が人間の精神と感情のプロセスや健康状態、集合的行動にどのような影響を与えるかについての研究が可能になる。また、GCMSテクノロジーはGCIの研究チームが、人間の集合的感情やメディテーション、意図が、地球磁場にどのように影響するかを調べることを可能にする。さらに、地震や火山爆発のような自然災害、あるいは社会的危機やテロ攻撃といったグローバルな強い感情的刺激を与える人事的事件の前に、地球磁場の変化が起こるかどうかを調べられるのではないかと思っている。

科学者たちは地球の磁場と、人間や動物、植物の活動との間に起こりうる相互作用について以前から調べているが、GCIの研究結果とGCMSからのデータは、以前に考えられていたよりもはるかに密接に、私たちが地球の磁場と相互につながっていることを示している。次ページの図は、カリフォルニア州ボルダークリークにあるGCMSセンサーサイトで記録された地球の磁力線共鳴の例である。

もし地球の磁場があらゆる生態系をつなぐ情報のキャリアであるというGCIの仮説が、正しいことが証明されれば、私たちがどのように個人的から集合的にグローバルな情報の磁場に影響を与えているのかを人々が理解しやすくなるだろう。私たちの態度（あり方）と、感情、意図が大事であり、それらは地球のあらゆる生命体に影響する可能性があり、そして**ハートコヒーランスで協調的な意図がグローバルな出来事に影響し、地球の暮らしの質を高められるということを理解できるようになるだろう。**

GCIこの仮説は、大勢の人々が共通の感情を持ってグローバルな出来事に反応すると、その集合的反応が地球の磁場に伝達される情報の質に影響を与えられることを示している。出来事がネガティブや恐ろしい感情反応を引き起こした場合は地球にストレス波が生まれたと考えられ、ポジティブな感情反応が引き起こされた場合は地球にコヒーランス波が生まれたと考えられる。GCIの目標の一つは、大勢の人々が愛やケア、感謝、思いやりの

2009年7月5日、5-6Am UTC（協定世界時）
（5分間平均パワースペクトラム密度）

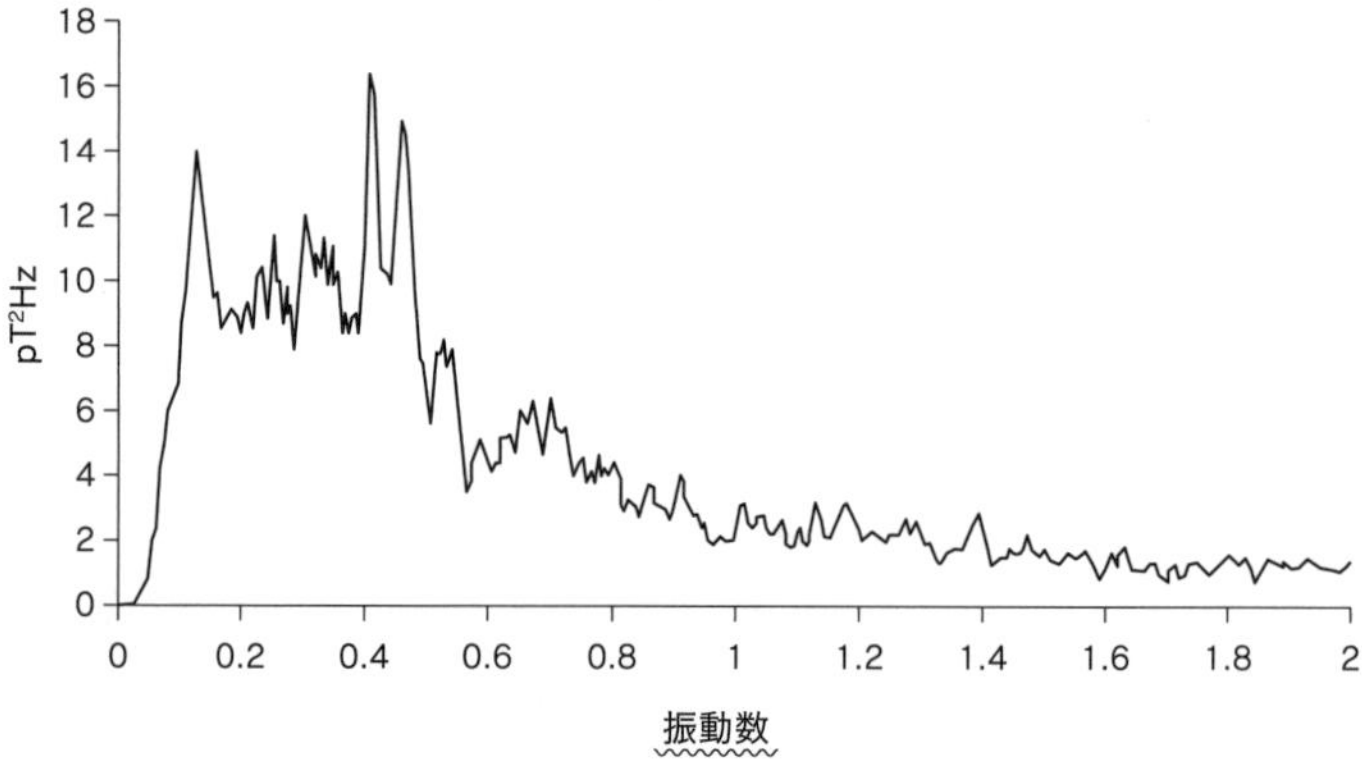

グラフに示された特殊な磁力線共鳴の振動数は、人間や動物の心臓血管系と自律神経系の機能に見られる多くの心拍リズムと同じ範囲にある。このボルダークリークにあるGCMSセンサーサイトで計測されたデータで、0.1Hzに明瞭な振動数（ハートコヒーランス状態の心拍リズムと同じ振動数）がある。ほとんどの数学的モデルは「人間の心臓血管系の共鳴振動数は、心臓と脳とのフィードバックループによって決定される」ことを示している。人間と多くの動物たちの系での共鳴振動数は約0.1Hzである。

ハートコヒーランス状態になると、人々と地球自体との間に相互に恩恵を与えるコヒーランスな場の環境とフィードバックループが築かれ、それがグローバルコヒーランスをもたらすことが可能かどうかを研究することだ。

相互のつながりの研究

私たちの相互のつながりの研究の一つに、世界中の国々から1600人のグローバルコヒーランスイニシアティブのメンバーが参加した。この研究の主な目標は、グローバルコヒーランスモニタリングシステムのセンサーがある4つのサイト近辺の参加者グループにおいて、お互いのつながりの有無を調べることだった。4つのセンサーサイトとはサウジアラビア、リトアニア、ニュージーランド、カリフォルニアである。調査は6つの段階で行われた。この研究から、太陽風速度と極冠活動が増加すると、ポジティブな影響／ポジティブな感情、心身の健康、不安、混乱、疲労感、肉体的症状（ポジティブな影響／ポジティブな感情と、心身の健康が減少し、不安と混乱、疲労感が増加することが判明した。

その後の研究では、太陽と地球の磁場が自律神経系機能にどのように影響するかを見分けるために、心拍変動（ＨＲＶ）記録メーターをつけたグループが長期間にわたって調査に参加した。驚いたことは、ある一定の太陽ラジオ変化と低いレベルの磁場攪乱が、ポジティブな神経系反応を引き起こしたことだった。その際、知的明晰さが向上し、人々の気分は高まったのだ。

さらに驚くべきは、参加者の心拍リズムが、地球の磁場環境における何らかの外部信号と深いレベルで同期していることを示すデータを得られたことだった。何千マイルも離れた場所にいる参加者が、同期したＨＲＶを示していたのだ。一つの仮説として、私たちが住んでいる地球の磁場が媒体となって、何らかの形で人々を同期して結びつけているということが成り立つ。このデータが示すことは、私たちは磁場から情報を受け取り、磁場に情報を送り込んでいるということだ。これは、磁場の中で私たちを同調させるのは、感情的なつながりであることを示す。距離に関係なく、私たちがお互いにどれだけ同期しているかを決定する主な要因は、私たちの感情的な結びつきなのだとわかる。

私たちは、参加者の心拍リズムと地球磁場の同調（シンクロナイゼーション）の度合いをより深く調べるために、別の研究を行った。5カ国の20～40人のグループの参加者に15日間、HRVレコーダーを装着してもらった。それから、参加者全員（100人以上）が同時に15分間、ハートロックインのテクニックを実践し、お互いに、そして地球に、愛と感謝の気持ちを送った。参加者同士のハートとハートのシンクロの状況を見ると、ハートロックインテクニックの実践中より実践後のほうで、心拍リズムがよりシンクロしていることがわかった。

私たちの仮説では、100を超えるハートが同時にエネルギーフィールドに愛と感謝を放射することで、感情的な結合または共鳴が促進されるであろうと考えている。また、前述の参加者のHRVには、今までの研究では見られなかった非常にゆっくりとしたリズムが観測された。このゆっくりした波のリズムは、GCMSで測定した地球磁場のリズムと同期していた。この事実は、私たちはあるレベルでは互いにつながっているということを意味する。地球磁場の共鳴振動数は、ハートを通して私たちを互いに結びつける搬送波のように作用し、心拍リズムがコヒーランスのときに私たちは地球磁場とゆっくりした波のリズムで同期（シンクロ）しているのだ。

さらに興味深いのは、たった15分間、同時にハートロックインテクニックを実践しただけで、**その後の24時間も参加者と地球との同期が保たれる（キャリーオーバー）効果があったように見えたこと**だった。

人類が地球と同期することに、多くの利点があることを示す証拠が増えてきている。例えば、人々がより直観的になったり、より精神が明瞭になったりするのだ。また、人がストレスが強い状態になると、地球との同期が崩れるという予兆的な証拠もある。

ストレスにさらされ、圧倒され、疲弊している世界を考えると、ハートのコヒーランスになって、そして地球のフィールドとシンクロすることで、私たちの集合的直観や、精神の明晰さ、そして全体的幸福感を高めることができるかもしれない。

グローバルな情報の場でハートコヒーランスを生成する人々の地球規模の潜在的可能性とは、私たちの社会や環境、および地球規模のストレスの課題に対処するために、非局在の直観を引き出すことのできるシンクロニシティ（共時性）と相乗効果を生み出すことが

できることである。

ノーベル賞受賞者のイリヤ・プリゴジンは「システムが平衡から遠く離れているとき、カオスの海に浮かぶ小さなコヒーランスの島は、システムをより高い秩序に引き上げる能力を持つ」と研究で発見している。

GCIの使者（エミッサリー）

150以上の国々から何万人もの人々がGCIの使者となり、グローバルの場の環境に集合的な愛と思いやりを送ることで、より良い世界を共同創造することに貢献している。GCIの使者にはグローバルコヒーランスアプリから一緒に参加でき、そしてハートにフォーカスしたエネルギーを地球に送って波動エネルギーの速度を高めたり、特に危機の時代にあって極めて緊張が高まっている地域に愛と思いやりを送ったりすることで、人々の苦しみを減らす助けができる。世界中で多くの人々が、増大する混乱やストレス、痛みを経験しているので、GCIの使者たちが地球のシステムを回復させ、苦しんでいる人々がバランスを取り戻せるように思いやりを送ることは、彼らが与えられる愛の最高の現れの一つとなるだろう。

グローバルコヒーランスアプリの参加者は、異なる場所で同時にアプリを使用している他の参加者を、グローバルマップで見ることができる。グローバルコヒーランスアプリには誰でも参加でき、すべての参加者のハートのエネルギーがカウントされる。

また、GCIの使者は、コヒーランスのベースラインを高めるために、ハートコヒーランステクニックを練習することに同意する。昨今は時間的なプレッシャーが増しているため、GCIでは特定の時間にコミットすることは求めていない。ケアフォーカスのイベントや地球へ、思いやりとケアを放射することに、いつ、どれだけの時間とエネルギーを提供できるかはGCIの使者自身が決定できる。

ハートマス研究所のコヒーランスセンサーをアプリで使うことは強制しないが、ある理由からはそれを勧める。その理由とは、あなたのコヒーランスレベルを記録すれば、あなたの個人的なコヒーランスベースラインを高めることにより、それがコミュニティの集合的コヒーランスを高めることになるということだ。そして、アプリ参加者たちのコヒーランスレベルの客観的測定データを活用しようとするGCIの研究に参加できるようにもなるということだ。

GCIの使者入門ハートコヒーランステクニック

GCIの使者が使っているハートコヒーランステクニックは、あなたの個人的なコヒーランスを高め、維持することができる。このパワフルなツールの6つのステップを紹介する。

①自分の好きな呼吸法を選んで呼吸し、心を落ち着かせる。
②自分が感謝できるものを選ぶ。人、ペット、自然など。そして約2分間はそれに感謝の気持ちを送る。これは地球や必要とされる状況に思いやりを送り始める際に、今よりもっと心を開いて効果を増す助けになる。
③地球に向けて、心からの思いやりとケア（心遣い）の気持ちを呼び起こす。
④思いやりとケアの気持ちを、心臓から呼吸するかのように送る。（これに気持ちを集中させるために、思いやりとケアが海に注ぎ込む川のように流れ出るのを想像する人たち

がいる。また、思いやりが輝く光線であるかのように想像したり、呼吸のリズムに合わせてその気持ちを送る人たちもいるが、自分に合ったやり方を選ぶ)。
⑤心からの思いやりとケア(心遣い)の感情を、地球あるいは今すぐ必要とされる地域に送る。
⑥このヒーリングプロセスに参加している他の人々と一緒になって、平和をもたらす者として自分自身を見る。
ハートコヒーランステクニックをどのくらい長くすべきかは、あなた自身が決められる。ほとんどの人は個人的なコヒーランスを高めるため、1日に少なくとも5分間は行っているようだ。自分自身や他の人たちへのコヒーランスのキャリーオーバー効果や恩恵を理解し、それを経験すると、その時間は増える場合が多い。あなたのスケジュール次第だが、日によってより時間を掛けることもあるだろう。

繰り返されるプロセス——ハートからの信号を感じやすくなる

個人的なコヒーランスが高まってくると、ハートからの信号をさらに感じやすくなってくる。ハート知性が示していることに従って行動すればするほど、ハートからの信号をさらに強く明確に感じられるようになってくる。第2章でジョンとベアトリス・レーシーの「ハート・脳の相互作用」に関する独創的な研究について話した。ジョセフ・チルトン・ピアースは、彼の著書『進化の終わり（Evolution's End）』の中でレーシーの言葉を引用して、「私たちの脳は現行の環境状況の情報を心臓に送り、心臓は脳に適切な反応をするように促す」と書いている。GCIの理論は、個人的なコヒーランスが高まると、ソーシャルコヒーランスの向上がもたらされ、それが次々に繰り返されるプロセスによってグローバルコヒーランスが向上するとしている。

その繰り返されるプロセスがうなぎ登りに上昇すると、より高い波動エネルギーの意識の場が生まれ、それが地球の情報場と一緒になって、個人と社会、そしてグローバルのコヒーランスとの共鳴が加速するだろう。もし、この理論が正しいと証明されたら、私たち人類は、地球とその将来の世代の保護人として働き、地球を共同創造していく仲間であると裏付けられ、そのことは私たち人類に力を与えてくれるだろう。やがてグローバルコヒーランスが指導者や国にも反映されて、よりコヒーランスな世界観を多くの人々が持つようになるだろう。このようなスケールとレベルの意識から、社会経済的な抑圧や戦争、文化的不寛容、犯罪、環境破壊といった問題に対して、人類が積極的に取り組めば、これらは解決されるだろう。

よく引き合いに出されるものに、アルバート・アインシュタインの「それを創造したと同じ意識レベルで解決できる問題はない」という言葉がある。いまだかつてないほどに人々は意識の波動エネルギーを高めたいと願っているが、実のところ、その方法は都合のいいことにすべて人々のハートの内に備わっているのだ。

GCI変容モデル

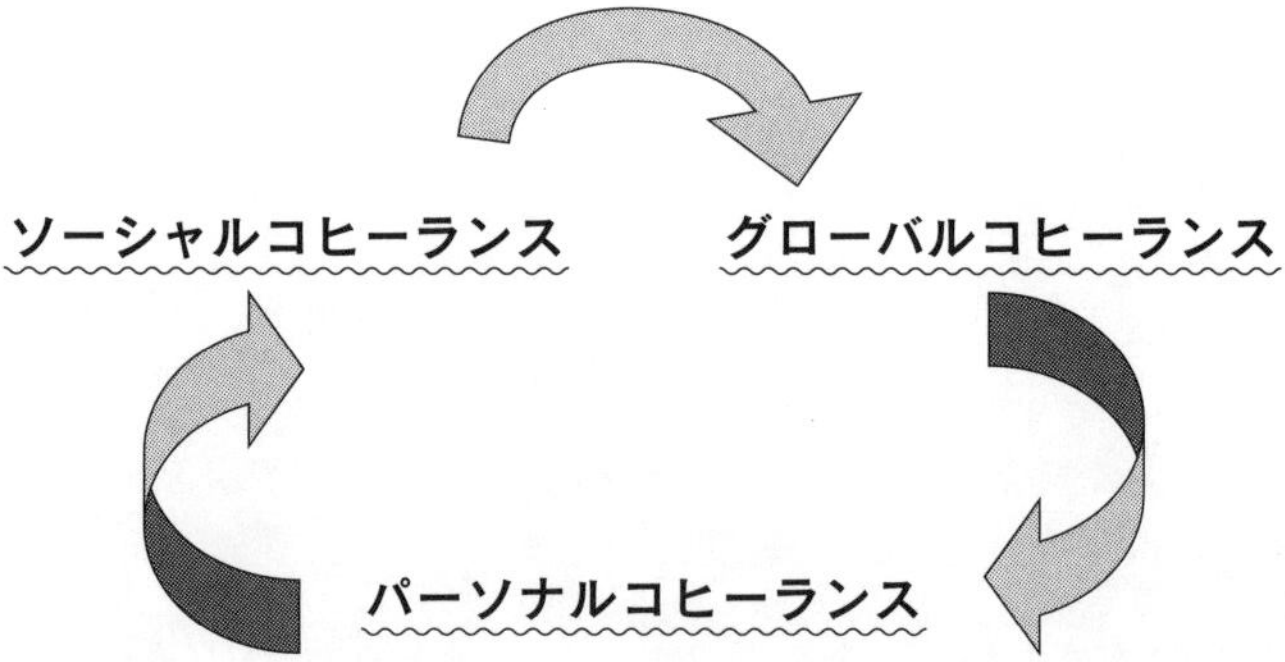

グローバルコヒーランスイニシアティブの変容モデル

コヒーランス——ハートに根ざした生き方への入口

ハートマス研究所では「ハートに根ざした生き方」という言葉を、コヒーランスな生き方の〝日常語〟として用いている。〝ハートに根ざした〟という言葉は、〝ハートに導かれて〟といった意味の総称的表記語（generic reference）として多くの人々によって普段から使われているので、私たちは新語を作ったわけではないが、この言葉は言いやすいうえ、気軽に意味を伝えられるので気に入っている。

ハートマステクニックはハートに根ざす生き方を勧めているたくさんの方法やプラクティスの中の一つに過ぎない。ハートから生きることを指すキャッチフレーズや表現はたくさんあるが、それらにどのような名前をつけるにしても、それらは実践することによってこそ人生が変わるような体験をもたらす。私たち一人ひとりがハートのコヒーランスを高めることで、ソーシャルコヒーランスとグローバルコヒーランスという新しい世界に貢献することができる。地球が繁栄し、誰もが住みたいと願う世界を作るための方策を導き出

すために は、人々がお互いに仲良くすることが必要であり、コヒーランスとはその能力が欠けていると実証済みの知性に基づくものなのだ。

第12章 愛を送る

ドック・チルドリー

人類がますます相互のつながりと相互依存を深めていけば、私たちの世界の社会に大きな変化が起こり続けていくだろうと、ほとんどの人々が感じている。その可能性を実現するために私たちは、皆が仲良くすることを学ぶ必要がある。ハートのないマインドでは、これを成し遂げることができなかった。でも、次のような良い知らせがある。

人類が今、地球上で経験しているダイナミックなシフトが、時間を超えた勢いを生み出している。それが人類を目覚めさせ、人々のハートを開かせる。それは愛や優しさ、思いやる気配り、許し、協力、再出発という形で現れる。

コヒーランスを高めると、協力し合い、お互いを思いやることが自然とできるようになる。コヒーランスは、ミクロからマクロまで、そして人間の経験の中や、自然界のあらゆるレベルで起きている。コヒーランスは、私たちの存在の核心にある、あるがままであることに伴う自然な状態だ。ハートコヒーランスの状態にあるときに人々は、無秩序な精神的・感情的活動によって生じる内なる〝雑音〟が明らかに鎮まるのを経験する。また、バランス感覚が高まるだけでなく、ハートの直観的な感覚や有効的な導きとのつながりがより明確になる。

ハートコヒーランスは、マインドを軽んじるのではない。全体を包含するバランスのとれた視点でのマインドの潜在能力をさらに高めるのだ。私たちの基本的なシステム（ハート、マインド、感情、身体）は、私たちの人生をより良いものにするために協力し合うことで、より調和と充実感を生み出す。

数分間でも座って心拍リズムのコヒーランスを保つ練習をすると、より高い波動エネルギーが蓄積され、それが一日を通した持ち越し（キャリーオーバー）効果となり、より明瞭にフローへアクセスする能力が身につく。これは、一見何も解決策がないように見える問題に、しばしば創造的な解決策をもたらす。コヒーランスの波動エネルギーは、私たちにより多くのシンクロニシティ（共時性）と、より明確な選択を与え、そして私たちの暮らしのつながりに、愛で高められたハートの質感をもたらす。コヒーランスな人生を表現していくために、完璧である必要はない。私たちが決断や行動を導くのに役立つあらゆる練習をするのと同じように、単に日々の手入れを行うだけでよい。

科学的研究によると、人々がハートコヒーランスを実践すると、エネルギーの場が生成され、他の人々もハートとつながりやすくなり、それが相互理解とソーシャルコヒーランスにつながることがわかっている。私たち一人ひとりが自分自身のエネルギーに責任を持つことが、集合的なエネルギー場の波動エネルギーを高め、他の人々をより高い潜在能力にアクセスしやすくし、彼らの喜びを増大させることにもなる。

〝相互のつながり（interconnectivity）〟という新しい研究分野では、この高い波動エネルギーをどのように増幅させ、グローバルコヒーランスを生み出すことができるかを探求している。研究者たちは、人々が心から愛と思いやりのある気配り（ケア）をエネルギーフィールド（場）に送り出すと、自分自身だけでなく、他人の健康にも役立つことを発見している。遠隔ヒーリングに関する23の公表された研究において、57％の治験者が、血圧の低下やストレスや不安の軽減、免疫反応の増加、ホルモンバランスの改善、よりポジティブな気分状態など、健康増進に関わる統計的に有意な心理的・生物学的変化を示している。

人々の集合的な気づきが高まるにつれて、科学とスピリチュアルな探求が手と手を取り合って、人類全体に無限の恩恵を生み出すことになるだろう。

地球が今経験している過渡的な混乱状態にある中で、人々には人生を変えるようなパワフルでポジティブな運動が高まっていることを認めるべきときが来ている。人類が経験している荒波のいくつかは、もはや私たちに役に立たない古いエネルギーの解放であり、それらが私たちの人生をリセットする機会を作り出していることを、多くの人々が感じ取っている。このようなエネルギーの変化の結果、人々は徐々に目を覚まし、自分がこれまで可能だと考えていたよりもはるかに大きな存在になれるということに気づくだろう。

……しかし、それに乗るためには、一人ひとりがペダルを漕ぐ必要がある。

愛することこそ、私たちがここにいる理由

愛は、私たちが次のレベルの集合的知性（集合知）に気づくことを達成するためのアクションワード（実行キーワード）だ。私たちは、本物の愛やケア、思いやりあるつながりを避けて通ることはできないだろう。私たちは何世代にもわたって、それを試してきたが、

うまくいかなかった。愛は、人々の認識を分離から統合へと高める、ハートの核になる波動エネルギーだ。私たちが全体のために、思いやりや親切を尽くしそしてより協力的になることを選択したとき、すべての人に繁栄の機会が提供される、自立した社会経済的な生態系を、私たちは創造することができる。

愛は、意識を次のレベルに引き上げ、私たちがまだ考えもしなかった解決策を導き出し、たくさんの恩恵をもたらす変容する知性なのだ。愛の必要性は何世紀も前から論じられてきたが、今こそ、私たちが人との関わりの中でより多くの配慮や優しさ、忍耐、思いやりといった愛を日常的に示すことを実践するときなのだ。

愛を放射する、または送る

コヒーランスになって座り、愛を放射したり送ったりする練習は、過剰に反応するマインドと感情を落ち着かせ、高まったストレスに対処する能力を向上させることができる。また、自分自身や他人を許す練習をすれば、私たちは愛の質を高め、精神的・感情的・身体的な癒しの能力を向上させられる。私たちのハートやマインド、感情が互いに対立することなくコヒーランスに調和していれば、より効果的な選択や導きのためのハートの直観的な促しを感じ取ることがより容易になる。

意図的に愛や思いやりのあるケアを行ったり、愛や思いやりを放射したりすることは、個人的にも集団的にも多くの恩恵をもたらす。そうすることで、私たちは互いのつながりに、より多くの忍耐を持つことより深い傾聴を自動的に行えるようになる。私たちは、愛や思いやりのあるケアを行う練習をしばらくすると、自動的に人との関わりを優先するようになる。その結果、人間関係におけるストレスが減り、より調和がもたらされる。思いやりのあるケアと尊敬の形で愛を送ることは、私たちの周りのエネルギーフィールドを柔らかくし、他の人々がより気楽に感じ、その人々のハートに安らぎと深い共鳴のつながりを感じることができるようになる。

人々は愛と思いやりを放射すると同時に、より強いハートに満たされた環境が生まれる。そのため、困難な状況に苦しむ人々や地球に向かって、愛と思いやりを放射するための何千人ものオンラインイベントを開催するグループが増えている。何百万もの人々が、より高い成果をもたらすことを意図して、集団で祈りや瞑想を行い、思いやりを放射する取り組みに参加している。これは一過性のトレンド（流行）ではないと思う。これが常識的な実践となれば、さらに多くの人々が参加して、その効果を体験したいと思うようになるだろう。そして、その効果は、参加者一人ひとりの波動エネルギーを高め、集合意識を高めることにつながる。この集合的な精神の高い波動エネルギーが良い結果を生み出す。参加者の数よりもはるか多い良い結果が生まれる。ハートマス研究所やグローバルコヒーランスイニシアティブが主に意図しているのは、このような環境の変容を実現するために、どんなに時間が掛かってもお手伝いすることだ。

集合的なハートのパワーの効果はまだ初期段階に発揮される。ストレスが急増していて、解決が困難な問題の解決策への切実なニーズがあるために、その効果は上昇しつつある。人々のハートやマインド、感情がコヒーランスに共鳴することで、より多くのスピリット(精神)やハートのエネルギーが、個人と集団の意図を通して動くようになる。地球上のより多くの人々が、より高い潜在能力を引き出し、**本当の自分**というスピリットを解放するために、コヒーランスによる調和を実践していくだろう。私たちがハートを開くことなしに幸福と平和を見つけようとする方法は、もう尽きている。私たちは、個人的・文化的な違いに対する敬意を新しく見出す必要がある。**これは代替のきかない愛の仕事だ。**

次項では、愛を放射したり、送ったりする練習を増やすための方法をいくつか紹介する。

これらを忘れずに実行することが大きな違いを生む。

愛するための能力を拡大するための演習

●日中の活動の合間や思いついたときに、1~2分間、意識的に愛を送ったり、放射したりすることを心に決めよう。あなたが感謝や優しさ、自然との共鳴、家族、友人、ペットなどのために心温まるケアを行っているとき、あなたは特に愛を放射しているということに気づいてほしい。

●買い物や電話をしているとき、食卓に着いているとき、ニュースを見ているとき、会議中、車での通勤中、徒歩の間など、どこで何をしていても愛と思いやりの感情を周囲に吹き込む練習をしよう。そうすることで、人生の課題に対する解決策を見出す能力を高められることを知ってほしい。

●静けさの中でリラックスしてしばらく座り、愛と健康に関する考えを自分のすべての細胞に吹き込むことを想像してほしい。これにより、免疫系やホルモン系、神経系が強化され、自己治癒力を高めることができる。愛のエネルギーが身体にポジティブな変化をもたらすことは、信頼できる研究によって証明されていることを思い出してほしい。

●ミーティングの最中や人と関わっているときに、愛と余裕を放射する練習をしよう。これは、あなたのハートにより深い傾聴のトーン（基調）を設定し、必要に応じて感情の安定の維持または回復に役立つ。

これらの練習を1週間あるいはそれ以上続けることで、内面の安定が強化され、同時に、明晰な思考とより高い選択を阻むストレス要因の発生を予防することができる。これらの練習を**忘れないようにする**には、繰り返し練習することが必要だが、これらの練習を記憶に定着させるために時間を費やす価値は大いにある。電話やメモにリマインダーを設定しよう。ハートをあまり感じない日もあるだろう。ハートの感覚は時々変化するが、それでもいいのだ。あなたにハートの誠実な意図があれば、練習の効果が高まり、愛と思いやりのあるケアがより自動的に行えるようになる。

これらの練習は、ハートの愛と思いやりをケアという行動に広げ、それに伴って起きてくる有益な変化を体験するための創造的な能力を呼び起こすことを目的としている。あなたのハートは、あなたが人との関わりの中で効果的な思いやりのあるケアを行う、数えきれないほどの方法をあなた自身に知らせ始めるだろう。そのときがどのような状況であれ、あなたがハートからポジティブなエネルギーを送ると、そのエネルギーはあなた自身のシステムとその状況を取り巻く環境のエネルギー場の波動エネルギーを高めることを忘れないでほしい。

愛や思いやり、優しさ、そして助け合いは、あまりにも長い間、私たちの社会的意識の中に表されてこなかった。私たちは、すべての人々にとって最高の未来を共同創造するために力を合わせるにあたって、これらの変革をもたらすハートの資質を道具箱の一番上の段に置こう。私たちが本来持っているハート知性にアクセスすることで、無条件の愛と調和のとれた相互作用のエネルギーフィールド（場）を作り出すことができる。そのフィールドは私たち人類が一つの地球、一つの庭、一つの民族であることを気づく助けになる。愛とお互いへの思いやりは、地球に暮らすすべての生命体を一つに統合し、最終的には地球を繁栄に導くことができる唯一のものだ。

私たちの多くは、**平和にチャンスを与える**（giving peace a chance）ことを約束したが、平和は、私たち人類が責任を持って平和への最初の一歩を踏み出すのを待っているのだ。今こそ、**愛にチャンスを与えるときだ**。そうすれば、平和は私たちと一緒に祝宴のテーブルに着くだろう。

訳者あとがき

森田　玄

私がこれまで30数年実践し教えてきた日本の伝統的自然療法「快医学」の基本理念は、こころとからだは一つ（心身一如）ということだ。したがって「心身の不調はまずからだからのアプローチで癒される」と学び、自分自身やクライアントに対してそのように対応してきた。

ところが近年、いわゆるメンタルヘルスの不調の相談を受けることが急激に増加してきた。からだからのアプローチだけでは対応しきれない状況に直面し、それまで直接扱ってこなかったこころや精神を癒すアプローチの必要性を痛感し、それに有効な具体的な方法を探求し続けていた。

その途上で世界のあちこちにでかけて色々な学びを重ね、その度に少しずつ手応えのあるものを見つけては取り入れてきたが、これはというものには出会わなかった。そして、ついにハートマスと出会った。それは私にとって晴天の霹靂《へきれき》だった。まるで青い鳥を探して世界の果てまで旅してきたチルチルミチルのようだ。こんな近く―自分の心臓（ハート）―にその鍵があるとは。

私たちが生まれる前から弛まぬ鼓動を続けている心臓。この心臓の発する心拍変動によって感情が推定され、逆に怒りや不満といったネガティブな感情が低コヒーランス状態を示すギザギザの波を作り、感謝や愛といったポジティブな感情が高コヒーランス状態を示すなめらかな波を作る。こんなにシンプルで鮮やかにこころを科学している研究所がアメリカに存在していたのだ。

ハートマスの研究は実際の測定値に基づき再現性があり、大胆な仮説を科学的に実証している。その400以上ある論文に好奇心を掻き立てられた私は、1997年にハートマス認定トレーナーになった。新しい知見に触れるたびに、これを人々が知って実践したら、どんな世界が可能だろうかと想像してワクワクする。ハートマスの研究結果には、まさにこころとからだの関係を、脳と心臓とのコミュニケーションで明確に解き明かしている。

実際、ハートコヒーランスを日本に紹介して以来、その心身の健康（ウェルビーイング）への恩恵をたくさんの人が受けとり、その感動的な体験例は枚挙にいとまがない。それらについては、『地球とハートでつながる』（きくちゆみ著・八月書簡）を参照してほしい。

こころを英語ではスピリチュアルハート（spiritual heart）と表現するが、ハートマスはスピリチュアルと科学との折り合いをつける試みと言えると思う。私は「マシュー君のメッセージ」という、まさにスピリチュアルな世界からの情報を毎月私のブログで紹介しているが、その中で一貫するメッセージは「答えは自分のハートに聞きなさい」だ。彼は「リアリティ（現実）とは、スピリチュアルな世界と科学が調和して共存している状態」と言っている。

マシュー君のメッセージは、ハートからの導き（ハートマスのビジョン）と一致していると、勝手に自己満足している。

本書は、コロナパンデミック後の混迷と分断にある世界人類が再生する指針となるだろう。不幸な出来事に対して「自分は何もできない」と無力感に苛まれている人にも、コヒーランスになってハートからの導きを得ることで、希望とパワーを取り戻せる機会を与えてくれると確信している。

訳者あとがき

きくちゆみ

私が初めてコヒーランスを体験したのは2007年2月、コスタリカでコネクション・プラクティス（以下、コネプラ）基礎コースを創始者のリタ・マリー・ジョンソンから受講したときだ。共感と洞察で自分とつながることを目的としたコネプラ・パート1の中で、ハートマス研究所が開発したクイック・コヒーランステクニックを学んだ。ハートマス認定トレーナーのデビッド・マッカーサーがコヒーランスの定義を説明した。

「コヒーランスは心臓と思考と感情がエネルギー的に調和して協調し、レジリエンス（しなやかさ・回復力）がある状態。そうなると個人のパワーが無駄なく継続して高まり、より多くのエネルギーを得ることで目標を達成し、調和ある結果をもたらす」

これを聞いた瞬間、私は心（ではなく頭）の中で「そんな上手い話があるわけないじゃん！」と呟いていた。ネガティブなセルフトークは自分にかける呪いのようなもので、その後のエムウェーブ（ハートマス研究所のソフトウエア）実習の時、私は全くコヒーランスにならず、低コヒーランス（赤）100％だった。他の受講生は高コヒーランス（緑）になっていたので、恥ずかしかった。

昼休みにリタマリーがもう一度練習させてくれたが、結果は同じ。「私はこれに向いていない」と落ち込んだのを覚えている。この体験は自分がその後コネプラの学びを深めずに、NVC（非暴力コミュニケーション）だけを学び続けたことにつながったと思う。

2011年3月11日の東日本大震災を機に私たちはハワイに移住した。それから数年経ったある日、リタマリーが「ゆみもそろそろラスール（コネプラ認定トレーナー）にならない？」と声をかけてくれた。当時、人生に迷っていた私は、ともかくやってみようと思った。もう一度コネプラを学び直し、2014年6月に日本人初のトレーナーになった。その後、英語の教材を日本語に翻訳し、日本でコネプラを教え始めてから、私はコヒーランスや洞察のパワーを知ることになる。

初期の私のコネプラ講座に参加した川口久美子さんが、洞察で日本からローソクのような光がポツポツと灯り、やがてその光が日本中に広がり、最後は世界へと広がっていく映像を見た。もう一人の受講生は「コネプラが広がれば、世界平和も夢じゃない」と言った。私にとってこの出来事は、「自分が求めてきたものはこれだ！」と確信した瞬間だった。

それから数年後、ハートマスがGlobal Coherence App（グローバルコヒーランスアプリ）を開発した。携帯で個人・社会・世界の3種のコヒーランスが計測できる画期的なアプリで、これを使うとその人がいる場所が世界地図上に紫色の光として点灯する。それを初めて見た時、これは数年前に川口さんの観た洞察ではないか、と思った。彼女もそれを観て「これ、私があの時観た洞察だ」と言った。喜びで全身に鳥肌が立った。

2018年4月26日から玄さんと私はデイリーコヒーランス（デイコヒ）を始めて、今日まで休まず続けている他、年2回広島グローバルピースコヒーランス（HGPC）を開催している。2023年10月16日の2000回記念のイベントにはドック・チルドリーを含むハートマス研究所の方々やリタマリーも参加してくれた。

最初、全くコヒーランスになれなかった私が、今ではコヒーランスになる時も増え、デイコヒは私の日々の暮らしが充実するのを助けてくれている。困難に遭遇しても、その度コヒーランスになってハートからの洞察を求めることで、落ち込みや失意から速やかに立ち直り、前進することができている。

戦争や地震など多くの人が命を落とす悲惨な出来事で心が痛いときこそ、「世界で何があっても、今安全な場所にいる人たちがコヒーランス状態でそのエネルギーを地球にフィードすることが重要だ」というロリン・マクラティ博士の言葉を思いだそう。そして「私は今、地球に何を送っているか？」と問いながら、生きていこうと思う。

このあとがきを書いているときに、私のもう一人のメンターで『バタフライ　もし地球が蝶になったら』の共著者のノリ・ハドルがエクアドルの自宅で4人組の強盗に襲われた。彼女のいのちを救ったのは、暴行を受けて息が苦しい状態で拘束された11時間の間続けた深呼吸とコヒーランスだったと言う。その状態で自分と夫に愛を送り続け、自分たちに暴行を加えた4人に愛を送ったことで奇跡的にいのちが助かった、と教えてくれた。私はこの話を聞いたとき、コヒーランスのパワーに深く感動した。あなたにもそのパワーを知り、実践し、人生に活かして欲しいと願っている。

この本が多くの人に届いて、やがてグローバルコヒーランスアプリの日本地図が紫の光で埋め尽くされ、世界中に広がり、今よりもはるかに平和な世界が実現することをイメージしている。

本書を書いたハートマス研究所の4名の著者、コヒーランスを最初に私に教えてくれたリタマリー、そして日本語版出版を快諾してくれたヒカルランドの石井健資社長、彼とのつながりを復縁してくれた福山明子さん、私たちの翻訳を読みやすい日本語にしてくれた編集者の川窪彩乃さん、デイコヒに参加している仲間たちに心から感謝している。

著者について

ドック・チルドリー
ハートマス研究所創設者
同研究所会長兼共同 CEO

ハートマス研究所の創設者であり、人間のパフォーマンスと個人の有効性の最適化に関する世界的権威。ビジネスリーダーや科学者、教育者、エンターテインメント業界などのコンサルタントとして活躍している。ストレスを軽減し、パフォーマンスを向上させ、健康と安寧を増進するための、誰にでも使えるハートに根ざした実用的なツールとテクノロジーのセットである、ハートマス・システムの創始者。HeartMath, Inc. の会長兼共同 CEO、HeartMath Institute の科学諮問委員会および Global Coherence Initiative 運営委員会の委員長も務めている。

ハワード・マーティン
ハートマス研究所取締役副社長

ビジネスと自己啓発の分野で30年以上の経験を持ち、ハートマスシステムのプログラムの設計開発に当初から携わっている。2000年にハーパー・サンフランシスコから出版された『The HeartMath Solution』のドック・チルドリーとの共著者でもある。毎年75回以上のインタビューを受け、人間のパフォーマンスやグローバルコヒーランス、ハート知性を高める HeartMath のアプローチについて各国で講演している、同研究所の重要なスポークスマンである。

デボラ・ロズマン博士
ハートマス研究所社長兼共同 CEO

経営者や連続起業家、心理学者、作家、教育者として40年以上の経験を持つ。ハートマス研究所には設立当初から関わり、その成長を監督してきた。ニューハービンジャー社から出版されているハートマス研究所の変容シリーズ『ストレスの変容』『怒りの変容』『不安の変容』『うつ病の変容』のドック・チルドリーとの共著者でもある。ハートマスシステムやハート知性、変化する時代のストレス管理、ハートに根差した生き方などに関する重要なスポークスパーソンである。

ロリン・マクラティ博士
ハートマス研究所取締役副社長兼研究ディレクター

1991年の設立以来、ハートマス研究所に勤務している。心理物理学者であり、その科学的関心領域で幅広い執筆活動を行い、数多く著書を出版している。アメリカ自律神経学会やパブロフ学会、全米心理科学協会、応用心理生理学・バイオフィードバック学会、科学的探求協会などの会員資格を持ち、グローバルコヒーランスモニタリングシステムの研究ディレクター兼プロジェクトコーディネーターを務める。

森田 玄　もりた げん
東京生まれ、311の東日本大震災を機に家族でハワイ移住。早稲田大学理工学部卒。自分の肝臓病をきっかけに日本の伝統的医療「快医学」を瓜生良介に学び、現在、ホリスティックヘルスコンサルタントとして世界各地にクライアントを持つ。“心身の健康と平和”を探求する途上、コスタリカでコネクション・プラクティス、ハワイでホ・オポノポノ、そしてアメリカでハートマスと出会う。2014年日本人初のコネプラ認定トレーナー、2017年にハートマス研究所認定トレーナーになる。現在、ハートマス講座や講演を日本各地で行う。著書に『ハーモニクス・ライフ 自然派生活のすすめ』、訳書にコネプラの創始者リタ・マリー・ジョンソンの著書『完全につながる』や『マシューブックシリーズ』他多数。人間と地球の健やかさの増進に貢献することがライフワークで、2018年４月26日からパートナーのきくちゆみと「デイリーコヒーランス（毎朝６時〜ZOOM ID:8083349616パスコード:369）」と「広島グローバルピースコヒーランス」を主宰している。

きくちゆみ
東京生まれ、ハワイ在住。お茶の水女子大学文教育学部卒業後、マスコミと金融界で働いた後、28歳で「好きなことをやって生きる」と決意し、退職。環境問題の解決をテーマに日本全国で1000回以上講演。国際ビーチクリーンアップや中米ベリーズのモンキーベイ自然保護区創設などの貢献で「地球環境大賞」「One World One People 大賞」受賞。911事件をきっかけに戦争が最大の環境破壊と気づき、平和創造がライフワークに加わる。311東日本大震災でそれまでの活動を停止し、ハワイへ移住。「ふくしまキッズハワイ」を立ち上げ、108人の子どもと母子保養をハワイで実行。2006年の平和省地球会議で出会ったリタ・マリー・ジョンソンからコネクション・プラクティスを学び、2014年に森田玄と二人で日本人初のトレーナーに。2017年一般社団法人ラスールジャパンを創設し、ラスールの育成に尽力中。著訳書に『地球と一緒に生きる』『地球とハートでつながる』『バタフライ もし地球が蝶になったら』『戦争中毒』他多数。現在、RFI国際アウトリーチディレクター。「コネプラは世界平和に、自然療法は人類の健やかさに貢献する」と確信し、実践し、伝えている。

ゆみと玄のMahalo通信 https://www.reservestock.jp/subscribe/98880
森田玄FB https://www.facebook.com/gen.morita
きくちゆみFB https://www.facebook.com/yumi.kikuchi.39750
(一社) ラスールジャパン（コネクション・プラクティスを学びたい方）
https://rasurjapan.com/

HEART INTELLIGENCE: Connecting with the Heart's Intuitive Guidance for Effective Choices and Solutions

All we need is Heart Intelligence

ハート知性 Heart Intelligence

ハートのパワーで人生を最大限に生きる

第一刷 2024年3月31日

著者 ドック・チルドリー／ハワード・マーティン
デボラ・ロズマン博士／ロリン・マクラティ博士

訳者 森田玄／きくちゆみ

発行人 石井健資

発行所 株式会社ヒカルランド
〒162-0821 東京都新宿区津久戸町3-11 TH1ビル6F
電話 03-6265-0852 ファックス 03-6265-0853
http://www.hikaruland.co.jp info@hikaruland.co.jp

振替 00180-8-496587

本文・カバー・製本 中央精版印刷株式会社

DTP 株式会社キャップス

編集担当 川窪彩乃

ISBN978-4-86742-362-2